Espresso

Grammatik

Zum Nachschlagen
zu Band 1 bis 3

Hueber Verlag

Espresso Grammatik
Autoren des ursprünglichen Werks *Espresso:* Maria Balì, Giovanna
Rizzo, Luciana Ziglio
Bearbeitung dieser Ausgabe realisiert auf der Basis des *Espresso –*
Libro di consultazione B1 von Alessandra Pasqui Egli, Tiziana
Carraro, deutsche Fassung: Barbara Schibli.

12. 11. 10. | Die letzten Ziffern
2026 25 24 23 22 | bezeichnen Zahl und Jahr des Druckes.
Alle Drucke dieser Auflage können, da unverändert,
nebeneinander benutzt werden.
1. Auflage
© 2005 MGB, Koordinationsstelle der Klubschulen, Zürich, Schweiz
© 2005 Hueber Verlag GmbH & Co. KG, München, Deutschland
Zeichnungen: Lyonn Redd
Satz und Gestaltung: Sieveking · Agentur für Kommunikation, München
Druck und Bindung: Friedrich Pustet GmbH & Co. KG, Regensburg
Printed in Germany
ISBN 978–3–19–115325–0

Art. 530_03534_001_10

VORWORT

Die thematisch aufgebaute *Grammatik* umfasst die in *Espresso 1, Espresso 2* und *Espresso 3* behandelten Themen und Strukturen.

Die *Espresso Grammatik* ist eine komplette Grundstufengrammatik zum Nachschlagen, die auch unabhängig vom Lehrwerk benutzt werden kann und Ihnen hilft, sich selbstständig mit den wichtigsten Grammatikthemen zu beschäftigen. Die Anordnung der Kapitel folgt der traditionellen Grammatikaufteilung. Im Mittelpunkt steht das Funktionieren der italienischen Sprache in Gesprächs- und Lesesituationen. Die Beschreibung der grammatischen Fakten erfolgt dabei kontrastiv zum deutschen, d. h. sie berücksichtigt Ähnlichkeiten bzw. Unterschiede zwischen dem Italienischen und dem Deutschen.

Jedes der 17 Kapitel ist kleinschrittig aufgebaut und richtet sich speziell an Anfänger. Übersichtliche Tabellen und viele Beispiele machen das Nachschlagen leicht.

Das Symbol 🔑 verweist auf den Band des Lehrwerks, in dem die Struktur behandelt wurde.

INHALTSVERZEICHNIS

GRAMMATIK

1   Laut und Schrift

1.1   Das Alphabet

E 1

Das italienische Alphabet hat 21 Buchstaben. Hinzu kommen 5 Buchstaben, die in Fremdwörtern bzw. in Wörtern fremden Ursprungs vorkommen.

a	(a)	h	(acca)	q	(cu)	*Buchstaben, die in Fremd-*
b	(bi)	i	(i)	r	(erre)	*wörtern vorkommen:*
c	(ci)	l	(elle)	s	(esse)	j	(i lunga)
d	(di)	m	(emme)	t	(ti)	k	(cappa)
e	(e)	n	(enne)	u	(u)	w	(doppia vu)
f	(effe)	o	(o)	v	(vi/vu)	x	(ics)
g	(gi)	p	(pi)	z	(zeta)	y	(ipsilon / i greca)

1.2   Die Aussprache

Im Italienischen entspricht die Aussprache grundsätzlich der Schrift.
Es gibt jedoch einige Besonderheiten:

Buchstabe / Buchstaben-kombination	*Aussprache*	*Beispiel*
c (+ a, o, u) ch (+ e, i)	[k]	carota, colore, cuoco anche, chilo
c (+ e, i) ci (+ a, o, u)	[ʧ]	cellulare, città ciao, cioccolata, ciuffo
g (+ a, o, u) gh (+ e, i)	[g]	Garda, gonna, guanto lunghe, ghiaccio
g (+ e, i) gi (+ a, o, u)	[ʤ]	gelato, Gigi giacca, giornale, giusto
gl	[ʎ]	gli, biglietto, famiglia
gn	[ɲ]	disegnare, signora

h	wird nicht ausgesprochen	hotel, **h**o, **h**anno
qu	[ku]	**qu**asi, **qu**attro, **qu**esto
r	[r]	**r**iso, **r**osso, **r**isposta
sc (+ a, o, u)	[sk]	**sc**arpa, **sc**onto, **sc**uola
sch (+ e, i)		**sch**ema, **sch**iavo
sc (+ e, i)	[ʃ]	**sc**elta, **sc**i
sci (+ a, e, o, u)		**sci**arpa, **sci**enza, la**sci**o, **sci**upare
v	[v]	**v**ento, **v**erde, **v**erdura

Bei Vokalverbindungen behalten beide Vokale den eigenen Laut, d. h. beide Vokale werden getrennt ausgesprochen. *Europa* (e-u), *vieni* (i-e), *sei* (e-i), *pausa* (a-u). Eine Ausnahme bildet in einigen Fällen das *-i-*: *ciao, cioccolato, giovane* usw. Doppelkonsonanten sind im Italienischen deutlich zu hören, der vorangehende Vokal wird kurz ausgesprochen: *notte, troppo*.

1.3 Betonung und Akzent

str**a**da (Bet. auf der vorletzten Silbe)   tel**e**fonano (Bet. auf der viertletzten Silbe)
m**e**dico (Bet. auf der drittletzten Silbe)   citt**à** (Bet. auf der letzten Silbe)

Die meisten italienischen Wörter werden auf der vorletzten Silbe betont. Sie können aber auch auf einer der anderen Silben betont werden. Nur bei Endbetonung setzt man einen graphischen Akzent. Der Akzent wird auch bei einigen Wörtern gesetzt, um sie von anderen – gleich lautenden – zu unterscheiden:

sì	ja	**dà**	3. Pers. Sg. des Verbs *dare*	**è**	ist
si	man / sich	da	Präposition	e	und

Im Italienischen gibt es zwei Akzente: den *accento grave* wie im Wort *caffè* und den *accento acuto* wie im Wort *perché*.

1.4 Aussage- und Fragesätze

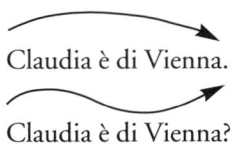

Claudia è di Vienna.

Claudia è di Vienna?

Im Italienischen gibt es in der Regel im Satzbau keinen Unterschied zwischen Aussage- und Fragesatz. Der einzige Unterschied liegt in der Melodie des Satzes (nach oben in der Frage).

2   Das Substantiv

E 1

2.1   Das Geschlecht

männlich	weiblich
il libro	la casa
il signore	la pensione

Substantive sind entweder männlich oder weiblich. Die meisten Substantive auf *-o* sind männlich, die meisten auf *-a* weiblich. Substantive auf *-e* können sowohl männlich als auch weiblich sein.

Im Italienischen sind weiblich:

• die Substantive auf *-gione, -sione, -zione, -ie, -igine*:
la regione, la passione, la stazione, la specie, l'origine.
• die meisten Substantive auf *-i*:
la crisi; aber: *il bikini.*

Es gibt auch weibliche Substantive auf *-o*:
la mano, la radio, la moto, la foto.

Umgekehrt gibt es auch männliche Substantive auf *-a*: *il cinema, il problema, il programma.*

Substantive, die auf einen Konsonanten enden, sind in der Regel männlich:
il bar, lo sport, il tennis.

• die Automarken:
*Ha **una** Fiat 600 seminuova.*
• die Städte- und viele Inselnamen:
la pittoresca Trento, la vecchia Palermo, la bella Capri, la Sardegna;
aber: *il Giglio.*

2.2   Personenbezeichnungen

männlich	weiblich
il commesso	la commessa
il bambino	la bambina

Bei Substantiven, die Personen bezeichnen, stimmt das grammatikalische Geschlecht normalerweise mit dem natürlichen Geschlecht überein. In den meisten Fällen lautet die männliche Endung *-o*, die weibliche *-a*.

männlich	weiblich
il colleg**a**	la colleg**a**
il turist**a**	la turist**a**
il frances**e**	la frances**e**
il client**e**	la client**e**

Verschiedene Personenbezeichnungen haben für beide Geschlechter nur eine Form.

männlich = weiblich
l'architett**o**
l'ingegner**e**
il medic**o**

Einige Berufsbezeichnungen haben eine einzige Form für beide Geschlechter.

2.3   Suffixe

anell**ino** = piccolo anello
mamm**ina** = mamma buona e dolce
lib**retto** = piccolo libro
cas**etta** = casa piccola e carina

männlich	weiblich
l'infermier**e**	l'infermier**a**
lo student**e**	la student**essa**
il tradut**tore**	la tradut**trice**

Einige Personenbezeichnungen auf *-e* bilden die weibliche Form auf *-a*, andere auf *-essa*. Das männliche *-tore* wird gewöhnlich zur weiblichen Endung *-trice*.

il medico

Suffixe (Nachsilben) verändern die Bedeutung von Substantiven. Die Suffixe *-ino* und *-etto* haben verkleinernden Charakter oder bilden eine Koseform. Einige Substantive mit Suffixen haben eine eigene Bedeutung, wie z. B. *telefonino* (Handy).

3 Die Pluralformen der Substantive

3.1 Die Pluralbildung

	Singular	Plural	
un ragazzo, due ragazzi	-o	-i	männlich
una donna, due donne	-a	-e	weiblich
un signore, due signori	-e	-i	männlich/
una lezione, due lezioni			weiblich

Männliche Substantive auf *-o* bilden den Plural auf *-i*.
Weibliche Substantive auf *-a* bilden den Plural auf *-e*.
Männliche und weibliche Substantive auf *-e* bilden den Plural auf *-i*.

Singular	Plural
il problema	i problemi
il programma	i programmi
il dentista	i dentisti
il turista	i turisti

Männliche Substantive auf *-a* bilden den Plural auf *-i*.

Weibliche Substantive wie *la turista, la dentista* bilden die Pluralform regelmäßig: *le turiste, le dentiste.*

3.2 Besonderheiten bei der Pluralbildung

3.2.1 Unveränderliche Endungen

	Singular	Plural
männlich	il caffè	i caffè
	il film	i film
weiblich	la città	le città
	la bici	le bici

Alle Substantive (sowohl männliche als auch weibliche), die im Singular auf eine betonte Silbe oder auf einen Konsonanten enden, sind unveränderlich.

Normalerweise sind auch Fremdwörter unveränderlich: *l'hobby – gli hobby;*
il garage – i garage; lo sport – gli sport. Auch Kurzformen wie *la foto (fotografia),*
la bici (bicicletta), la radio (radiofonia, radiotrasmissione), il cinema (cinematografo)
bleiben im Plural unverändert.

3.2.2 Substantive auf *-ca/-ga*, *-cia/-gia*, *-co/-go* und *-io*

l'amica – le amiche	Substantive auf *-ca/-ga* bilden den Plural auf *-che/-ghe.*

la mancia – le mance la camicia – le camicie la farmacia – le farmacie la spiaggia – le spiagge la valigia – le valigie	Substantive, die auf *-cia/-gia* enden, bilden den Plural auf *-ce/-ge,* wenn der Endung ein Konsonant vorangeht. Geht der Endung ein Vokal voran oder ist das *-i-* der Endung betont, bilden die Substantive den Plural auf *-cie/-gie.*

il tedesco – i tedeschi l'albergo – gli alberghi	Substantive auf *-co/-go* bilden den Plural auf *-chi/-ghi,* wenn sie auf der vorletzten Silbe betont sind. **Ausnahme:** *l'amico – gli amici*

il medico – i medici l'asparago – gli asparagi	Die Substantive auf *-co/-go,* die auf der drittletzten Silbe betont werden, bilden den Plural auf *-ci/-gi.*

il negozio – i negozi il viaggio – i viaggi	Substantive auf *-io* haben im Plural normalerweise nur ein *-i.*

lo zio – gli zii	Ist das *-i-* der Endung *-io* betont, bleibt es im Plural erhalten *(-ii).*

3.2.3　Unregelmäßige Pluralbildung

E 1
E 2

Singular	Plural
l'uovo	le uova
il paio	le paia
il centinaio	le centinaia
il migliaio	le migliaia
il braccio	le braccia
il labbro	le labbra
il ginocchio	i ginocchi/ le ginocchia
il dito	i diti/le dita
l'orecchio	gli orecchi/ le orecchie

Einige männliche Substantive auf *-o* bilden den Plural auf *-a* und werden dabei weiblich.

Einige Bezeichnungen von Körperteilen haben zwei Pluralformen.

Es gibt einige männliche Substantive mit zwei Pluralformen, einer männlichen auf *-i* und einer weiblichen auf *-a*; sie haben unterschiedliche Bedeutungen.

Singular	Plural (männlich)	Plural (weiblich)
il braccio	i bracci (di un fiume)	le braccia (di una persona)
il dito	i diti (singoli)	le dita (nella loro totalità)
l'osso	gli ossi (singoli o di animale)	le ossa (di una persona, nella loro totalità)
il labbro	i labbri (gli orli di un vaso)	le labbra (della bocca)
il ciglio	i cigli (i bordi della strada)	le ciglia (degli occhi)
il fondamento	i fondamenti (di una scienza)	le fondamenta (di una casa)
il muro	i muri (di una casa)	le mura (di una città)
il grido	i gridi (di un animale)	le grida (di una persona)

Einige Substantive kommen nur im **Singular**, andere nur im **Plural** vor:

Singular
la gente
il riso
il latte
il miele
il sangue
la fame
la sete
la noia
la rabbia

Plural
gli occhiali
i rifiuti
i soldi
le ferie
i dintorni
le posate
le forbici
le mutande
i pantaloni

Alla partita c'era tanta gente.   *Per favore, mi passi le forbici?*

Uomo weist eine unregelmäßige
Pluralform auf: l'uomo ➤ gli **uomini**

4   Der Artikel

Die Form des unbestimmten und des bestimmten Artikels ist abhängig vom
Geschlecht und vom Anfangsbuchstaben des darauf folgenden Substantivs.

4.1   Der unbestimmte Artikel

E 1

	männlich	weiblich
vor Konsonant	**un** gelato	**una** camera
vor Vokal	**un** amico	**un'**amica
vor h	**un** hotel	
vor s + Konsonant	**uno** straniero	
vor z	**uno** zucchino	
vor ps	**uno** psicologo	
vor y	**uno** yogurt	

4.2   Der bestimmte Artikel

	männlich		weiblich	
	Singular	Plural	Singular	Plural
vor Konsonant	**il** gelato	**i** gelati	**la** camera	**le** camere
vor Vokal	**l'**amico	**gli** amici	**l'**amica	**le** amiche
vor h	**l'**hotel	**gli** hotel		
vor s + Konsonant	**lo** straniero	**gli** stranieri		
vor z	**lo** zucchino	**gli** zucchini		
vor ps	**lo** psicologo	**gli** psicologi		
vor y	**lo** yogurt	**gli** yogurt		

4.2.1   Der Gebrauch des bestimmten Artikels

*Le presento **il signor** Carli.*
*Le presento **la signora** Attolini.*
*Le presento **il dottor** Carli.*

Der bestimmte Artikel steht immer:
vor *signor/signora,*
vor Titelbezeichnungen in Verbindung
mit einem Eigennamen,

*Studio **il tedesco, l'inglese** e **lo svedese**.*

bei Sprachen,

La Germania *è un paese industriale.*

und bei Ländernamen.

*Buongiorno, **signor** Carli.*
*Buongiorno, **signora** Attolini.*
*Buongiorno, **dottor** Carli.*

Bei der direkten Anrede entfällt der
bestimmte Artikel.

16

Der Artikel entfällt normalerweise bei **in** + Ländername:
*Vado spesso **in Italia**.*

Wenn der Ländername jedoch von einem Adjektiv oder einer näheren Beschreibung begleitet wird, verwendet man den Artikel:
*Vado spesso **nell'Italia** settentrionale/**nell'Italia del nord**.*

Bei der Angabe der Uhrzeit wird immer der bestimmte Artikel verwendet:
*Sono **le dieci**.*

Der Gebrauch des bestimmten Artikels bei den Wochentagen verändert deren Bedeutung:

Il sabato vado a teatro.	= jeden Samstag, samstags
Sabato vado a teatro.	= nächsten Samstag
Sabato sono andato a teatro.	= vergangenen Samstag

Die Monatsnamen stehen immer ohne Artikel, außer in Verbindung mit einem Adjektiv:

Agosto è un mese molto caldo.
L'agosto scorso sono stata in Italia.

4.3 Der Teilungsartikel

*Vorrei **del** formaggio.*	= (etwas) Käse
*Ho comprato **del** pesce.*	= (etwas) Fisch
*Ho mangiato **delle** arance.*	= (einige) Orangen
*Ho incontrato **degli** amici.*	= (einige) Freunde

Der Teilungsartikel, der mit **di** + bestimmtem Artikel gebildet wird, drückt eine unbestimmte Menge oder Anzahl aus (etwas, ein bisschen von, einige). Im Deutschen gibt es keine Entsprechung, meist wird der Teilungsartikel nicht übersetzt.

5 Das Adjektiv

E 1

männlich	weiblich
un museo famoso	una chiesa famosa
un museo interessante	una chiesa interessante

Adjektive richten sich in Geschlecht und Zahl nach der Person/Sache, auf die sie sich beziehen. In Abweichung vom Deutschen gilt diese Übereinstimmung auch wenn das Adjektiv nach *essere* steht: *Questa chiesa è famosa.*
Die meisten Adjektive haben im Singular die Endung *-o* für die männliche Form und *-a* für die weibliche. Andere Adjektive enden für beide Geschlechter auf *-e.*

5.1 Die Pluralbildung

	Singular	Plural		
männlich	il museo famoso	i musei famosi	-o ➔ -i
	il museo interessante	i musei interessanti	-e ➔ -i
weiblich	la chiesa famosa	le chiese famose	-a ➔ -e
	la zona interessante	le zone interessanti	-e ➔ -i

Adjektive auf *-o* (männliche Form) bilden den Plural auf *-i,* Adjektive auf *-a* (weibliche Form) bilden den Plural auf *-e.* Die Adjektive auf *-e* haben die Pluralendung *-i* für beide Geschlechter.

E 3

Wenn sich ein Adjektiv auf mehrere Substantive des gleichen Geschlechts (im Singular oder im Plural) bezieht, passt es sich dem Geschlecht dieser Substantive an und steht im Plural:
*La valigia e la borsa sono **pronte**.*

Wenn sich ein Adjektiv auf mehrere Substantive unterschiedlichen Geschlechts bezieht, wird es in der männlichen Pluralform verwendet:
*Vendo un tavolo e una tovaglia **antichi**.*

5.2 Adjektive auf *-co/-ca* und *-go/-ga*

Singular	Plural
la chiesa antica	le chiese antiche
la trattoria tipica	le trattorie tipiche
il palazzo antico	i palazzi antichi
il ristorante tipico	i ristoranti tipici

Analog zu den Substantiven bilden Adjektive auf *-ca* den Plural immer auf *-che*. Adjektive auf *-co* bilden den Plural auf *-chi*, wenn sie auf der vorletzten Silbe betont sind und auf *-ci*, wenn sie auf der drittletzten Silbe betont sind.

E 1

Singular	Plural
il vestito largo	i vestiti larghi
la strada lunga	le strade lunghe

Adjektive auf *-go* bilden den Plural auf *-ghi*; Adjektive auf *-ga* bilden den Plural auf *-ghe*.

5.3 Farbadjektive

il cappotto nero	i cappotti neri
la gonna bianca	le gonne bianche
il cappello verde	i cappelli verdi

Farbadjektive verhalten sich wie normale Adjektive.

Porto volentieri	un impermeabile	
	una gonna	**blu.**
	dei jeans	
	le camicie	

Einige Farbbezeichnungen sind unveränderlich, z.B. *blu, rosa, beige, turchese*.

il maglione	**grigio** perla
la gonna	**rosso** bordò
i pantaloni	**verde** chiaro
le calze	**grigio** antracite

Ebenfalls unveränderlich sind die Farbbezeichnungen, die in Verbindung mit einem anderen Adjektiv oder Substantiv stehen: *verde chiaro, rosso scuro, grigio perla* usw.

5.4 Die Stellung des Adjektivs

E 1

*una città **tranquilla***
*una giacca **verde***
*un ragazzo **francese***
*un tavolo **rotondo***
*una stanza **piccola** e **rumorosa***

Im Italienischen steht das Adjektiv in der Regel hinter dem Substantiv. Dies gilt ausnahmslos bei Farben, Nationalitäten und bei mehreren aufeinander folgenden Adjektiven.

*È una **bella** macchina.*
*È una **buona** occasione.*

Kurze und oft benutzte Adjektive stehen meist vor dem Substantiv.

*È una macchina **molto bella**.*

Werden diese Adjektive durch eine zusätzliche Angabe genauer bestimmt, treten sie hinter das Substantiv.

*Giulio ha **pochi** amici.*

Adjektive, die eine Menge angeben (*poco, molto, tanto* usw.), stehen immer vor dem Substantiv.

*un **caro** bambino* = ein liebes Kind
*una macchina **cara*** = ein teures Auto
*una **semplice** domanda* = nur eine Frage
*una domanda **semplice*** = eine einfache Frage

Einige Adjektive können vor oder hinter dem Substantiv stehen. Hier erfolgt jedoch eine Bedeutungsänderung.

5.5 *Bello*

E 2

bel ragazzo	**bei** ragazzi
bello spettacolo	**begli** spettacoli
bell'uomo	**begli** uomini
bella ragazza	**belle** ragazze
bell'amica	**belle** amiche

Steht *bello* vor dem Substantiv, dann verhält es sich wie der bestimmte Artikel.

5.6   Die negative Vorsilbe *in-*

Durch die Vorsilbe *in-* kann ein Adjektiv eine negative Bedeutung bekommen.

🔑 E 3

capace	**in**capace	*Michele è un buono a nulla, un vero incapace.*
visibile	**in**visibile	*Molte stelle di giorno sono invisibili ad occhio nudo.*
utile	**in**utile	*Questa chiave non apre nulla, è proprio inutile.*
bevibile	**im**bevibile	*Questo caffè fa schifo, è imbevibile.*
mortale	**im**mortale	*Credo che l'anima sia immortale.*
personale	**im**personale	*I soldi sono un regalo impersonale.*
logico	**il**logico	*Per me questo discorso è assolutamente illogico.*
ragionevole	**ir**ragionevole	*No, la sua proposta è irragionevole.*

Achtung:
in- + **b** ➤ **imb-**
in- + **m** ➤ **imm-**
in- + **p** ➤ **imp-**
in- + **l** ➤ **ill-**
in- + **r** ➤ **irr-**

5.7   Adjektive mit der Endsilbe *-bile*

*È un progetto **realizzabile**.*	(= che può essere realizzato)
*È una storia **incredibile**.*	(= che non può essere creduta)
*È un materiale **riciclabile**.*	(= che può essere riciclato)

Adjektive mit der Endsilbe *-bile* haben passive Bedeutung und drücken eine Möglichkeit aus.

5.8   *Qualsiasi/qualunque* (jede/r Beliebige)

*Puoi venire sempre da me, in **qualsiasi** momento.*

Qualsiasi und *qualunque* sind unveränderlich und stehen immer vor einem Substantiv im Singular.

***Qualunque** cosa lui **dica**, fa sempre ridere!*

Folgt auf *qualsiasi* und *qualunque* ein Verb, verwendet man den *congiuntivo*.

5.9 Entrambi/entrambe

Porti con te la giacca blu o quella grigia?   *– Entrambe.*

E 3

Entrambi (Plural männlich) und *entrambe* (Plural weiblich) sind seltener verwendete Formen für *tutti e due/tutte e due*. Sie können sowohl als Adjektiv wie auch als Pronomen verwendet werden. Analog zu *tutto* steht (bei adjektivischer Verwendung) der bestimmte Artikel zwischen *entrambi/entrambe* und dem Substantiv.

*Uso i fogli da **entrambe** le parti.*   (= Adjektiv)
– C'è solo Michele o è venuto anche Antonio?
*– Sono venuti **entrambi**.*   (= Pronomen)

6 Die Steigerung

6.1 Der Komparativ

*Questi pantaloni sono **eleganti**.*
*Questi pantaloni sono **più eleganti di** quelli.*

Der Komparativ wird mit *più* bzw. *meno* + Adjektiv gebildet. Für die Wiedergabe des deutschen »als« gibt es im Italienischen zwei Möglichkeiten: Folgt auf »als« ein Substantiv ohne vorangehende Präposition oder ein Pronomen, verwendet man *di*.

E 1

di	*di* + Artikel
Milano è più grande **di** Pisa.	Le gonne sono più eleganti **dei** jeans.
Giulio è più alto **di** me.	La campagna è più tranquilla **della** città.
Questi pantaloni sono meno eleganti **di** quelli.	I jeans sono meno eleganti **dei** pantaloni.

*Livia va meno volentieri al mare **che** in montagna.*   *Dentro fa più freddo **che** fuori.*
*Luisa è più gentile con lui **che** con me.*   *Cucinare è più divertente **che** pulire.*

E 2

Folgt auf »als« ein Substantiv oder ein Pronomen in Verbindung mit einer vorangehenden Präposition bzw. erfolgt der Vergleich zwischen Adjektiven, Adverbien, oder Verben, wird der zweite Teil des Vergleiches mit *che* eingeführt.

6.2 Die Wiedergabe von »so…wie«

*Franca è simpatica **come** Lucia.*
*Luigi è alto **quanto** me.*

Die Form *come* ist im heutigen Italienisch gebräuchlicher.

6.3 Der *superlativo assoluto*

	männlich		weiblich	
Singular	**molto** bello	bell**issimo**	**molto** bella	bell**issima**
	molto interessante	interessant**issimo**	**molto** interessante	interessant**issima**
Plural	**molto** belli	bell**issimi**	**molto** belle	bell**issime**
	molto interessanti	interessant**issimi**	**molto** interessanti	interessant**issime**

E 1

Der absolute Superlativ bezeichnet den sehr hohen Grad einer Eigenschaft. Man bildet ihn mit dem Adverb *molto* (unveränderlich) + Adjektiv oder indem man *-issimo/-issima/-issimi/-issime* an den Stamm des Adjektivs anhängt.

Ha pochissimi vestiti.
Il viaggio come è stato? – Lunghissimo.

Bei Adjektiven auf *-co/-go* wird zur Erhaltung der Aussprache ein *-h-* eingefügt.

*Vorrei un etto di mortadella tagliata **sottile sottile**.*

Der absolute Superlativ kann auch durch Wiederholung des Adjektivs gebildet werden.

6.4 Der *superlativo relativo*

*Sono **le** scarpe **più** vecchie che ho.*
*È **il** ristorante **meno** caro della città.*

E 2

Der *superlativo relativo* drückt den höchsten oder niedrigsten Grad einer Eigenschaft im Vergleich mit einer Gruppe von Personen oder Gegenständen aus. Er wird mit dem bestimmten Artikel + Substantiv + *più* bzw. *meno* + Adjektiv gebildet.

6.5   Unregelmäßige Komparativ- und Superlativformen

*Claudia è **la** mia sorella **maggiore**.*
*Questo è **il migliore** ristorante della città.*

Einige Adjektive haben im Komparativ und Superlativ sowohl
eine regelmäßige als auch eine unregelmäßige Form:

E 2
E 3

	Komparativ	
	regelmäßig	unregelmäßig
buono	più buono	migliore
cattivo	più cattivo	peggiore
grande	più grande	maggiore
piccolo	più piccolo	minore

	superlativo relativo		superlativo assoluto	
	regelmäßig	unregelmäßig	regelmäßig	unregelmäßig
buono	il più buono	il migliore	buonissimo	ottimo
cattivo	il più cattivo	il peggiore	cattivissimo	pessimo
grande	il più grande	il maggiore	grandissimo	massimo
piccolo	il più piccolo	il minore	piccolissimo	minimo

Bei *buono* und *cattivo* in der Bedeutung von »gutherzig« bzw. »bösartig«
werden meistens die regelmäßigen Formen verwendet.

*Cristina è una persona di cuore. Ma Linda è ancora **più buona**. È in assoluto **la**
persona **più buona** che io abbia mai conosciuto.*
*– Buona questa pizza. È **migliore/più buona** di quella che abbiamo mangiato la
volta scorsa, no?*
*– Sì, ma **la migliore** di tutte è quella che fanno da Gino. È davvero **ottima**!*

*Sandro è cattivo, ma Giuliano è ancora **più cattivo**. È **la** persona **più cattiva** tra
quelle che conosco.*
*Mamma mia, com'è cattivo questo caffè! È **il peggiore** che abbia mai bevuto.*
*Veramente **pessimo**!*

7 Das Adverb

*Luigi parla sempre **lentamente**.*
*Questo film è **veramente** interessante.*
*Francesca parla **molto bene** il tedesco.*

Adverbien dienen dazu, Verben, Adjektive oder auch andere Adverbien näher zu bestimmen.

E 1

7.1 Die Bildung des Adverbs

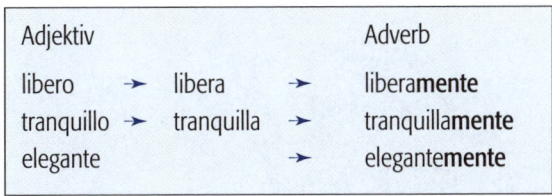

Adjektiv		Adverb
libero ➝	libera ➝	libera**mente**
tranquillo ➝	tranquilla ➝	tranquilla**mente**
elegante	➝	elegante**mente**

Adverbien sind immer unveränderlich. Sie werden von der weiblichen Form des Adjektivs abgeleitet und durch Anhängen von *-mente* gebildet. Bei Adjektiven auf *-e* wird *-mente* direkt angehängt.

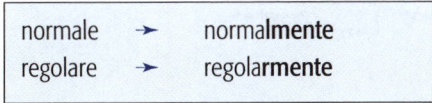

normale ➝	norma**lmente**
regolare ➝	regola**rmente**

Adjektive auf *-le* und *-re* verlieren das *-e* der Endung vor *-mente*.

Achtung:

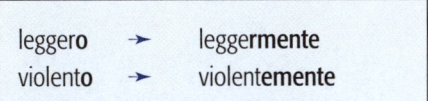

leggero ➝	legger**mente**
violento ➝	violent**emente**

Einige Adverbien haben eine eigene Form:
di solito, certo, molto, ancora, adesso, presto, tardi, piano

Einige Adjektive bilden unregelmäßige Adverbien:
buono ➝ *bene*
cattivo ➝ *male*

7.2 Gegenüberstellung Adjektiv - Adverb

*Questa pizza è **buona**: qui si mangia **bene**.*

Das Adjektiv beschreibt das Substantiv.
Das Adverb beschreibt das Verb näher.

*Oggi ho avuto una giornata **normale**.* (Adjektiv)

***Normalmente** vado al lavoro in macchina.* (Adverb)

7.3 Komparativ und Superlativ des Adverbs

Auch beim Adverb kann man, wie bei einem Adjektiv, eine
Steigerungsform bilden (vgl. auch S. 22/23).

*Luigi parla **lentamente**.*
*Carlo parla ancora **più lentamente**.*
*Silvio parla **lentissimamente**.*

Den Formen auf *-issimamente* zieht man die zusammengesetzten vor:
assai lentamente, molto lentamente.

Wenn das Adverb nicht auf *-mente* endet, bildet man den Superlativ auf
-issimo: presto ➤ **prestissimo**; tardi ➤ **tardissimo**; piano ➤ **pianissimo**.

7.3.1   Unregelmäßige Formen

 E 3

Analog zum Adjektiv haben auch einige Adverbien eine unregelmäßige Form im Komparativ und im absoluten Superlativ.

	Komparativ	superlativo assoluto
bene	meglio	benissimo/ottimamente
male	peggio	malissimo/pessimamente
molto	(di) più	moltissimo
poco	(di) meno	pochissimo/minimamente

*L'inglese dovrei parlarlo molto **meglio**, dopo tutti i corsi che ho fatto.*
*Ieri stavo male, ma oggi sto **peggio**.*

8   Das Personalpronomen

 E 1

8.1   Die Subjektpronomen

Noi andiamo al cinema, vieni anche tu?

Singular	io	ich
	tu	du
	lui	er
	lei	sie
	Lei	Sie
Plural	noi	wir
	voi	ihr
	loro	sie
	Loro	Sie

Di dove sei? – Sono di Genova.
         – Io sono di Genova. E tu ?

Normalerweise wird das Verb ohne die Subjektpronomen *io, tu* usw. verwendet, da die Verbform bereits die Person angibt. Die Subjektpronomen gebraucht man nur zur Hervorhebung der Person oder wenn das Verb fehlt.

Lei è francese, signor Dupont?
Anche voi siete di qui?
E Loro, signori, che cosa prendono?

Die höfliche Anrede (Sie-Form) für eine Einzelperson ist *Lei*. Für die höfliche Anrede für mehrere Personen verwendet man die 2. Person Plural *voi*. Die höfliche Anrede in der 3. Person Plural *(Loro)* ist sehr formell und wird selten verwendet (fast ausschließlich im Restaurant, im Hotel usw.).

8.2   Die indirekten Objektpronomen (Dativ: wem?)

Ti piace il pesce? A me no.

Im Italienischen gibt es unbetonte (ohne eigenen Akzent) und betonte (mit eigenem Akzent) indirekte Objektpronomen.

	unbetont	betont	
Singular	mi	a me	mir
	ti	a te	dir
	gli	a lui	ihm
	le	a lei	ihr
	Le	a Lei	Ihnen
Plural	ci	a noi	uns
	vi	a voi	euch
	gli	a loro	ihnen

A me non ha detto niente, a lui (invece) sì.
Das betonte Objektpronomen wird gebraucht, wenn das Pronomen besonders hervorgehoben werden soll, oder zur Gegenüberstellung.

*Questo vestito **mi** sembra troppo caro.*
*Questo vestito **a me** sembra troppo caro.*
***A me** questo vestito sembra troppo caro.*

Die unbetonten indirekten Objektpronomen stehen immer unmittelbar vor dem Verb, die betonten können sowohl unmittelbar vor dem Verb als auch vor dem Subjekt stehen.

*Quando sono lontano, penso sempre **a te**.*

Die betonten indirekten Objektpronomen können auch nach dem Verb stehen.

*Questo colore **non le** piace.*
***A lei non** piace questo colore.*

Die Verneinung *non* steht vor dem unbetonten, aber nach dem betonten Pronomen.

8.3   Die direkten Objektpronomen (Akkusativ: wen? was?)

*Il formaggio **lo** vuole fresco o stagionato?*

	unbetont	betont		
Singular	mi	me	mich	
	ti	te	dich	
	lo	lui	ihn	
	la	lei	sie	
	La	Lei	Sie	
Plural	ci	noi	uns	
	vi	voi	euch	
	li	loro	Sie	(männlich)
	le	loro	Sie	(weiblich)

	männlich	weiblich
Singular	Quando vedi **Mario**?	Quando vedi **Maria**?
	Lo incontro domani.	**La** incontro domani.
Plural	Quando vedi **i colleghi**?	Quando vedi **le colleghe**?
	Li incontro domani.	**Le** incontro domani.

E 1

Die Pronomen *lo, la, li, le* richten sich in Geschlecht und Zahl nach der Person/Sache, die sie ersetzen.

L'accompagno/lo accompagno domani. *L'accompagno/la accompagno domani.* *Li/le accompagno domani.*	Die unbetonten direkten Objektpronomen stehen vor dem Verb. *Lo* und *la* können vor Vokal oder *h* apostrophiert werden, *li* und *le* dagegen nicht.
Dove sono le chiavi? – Non lo so.	(= non so **dove sono le chiavi**) *Lo* kann einen Sachverhalt ersetzen.
Chi vuole? – Vuole te.	Die betonten direkten Objektpronomen stehen nach dem Verb und werden verwendet, um das Pronomen hervorzuheben oder um einen Gegensatz zu unterstreichen.

Pronomen mit Präposition

Vieni da me?
Questo è un regalo per te.

Auf eine Präposition folgt immer das betonte Objektpronomen.

8.4   Hervorhebung des Objekts

E 1
E 3

Il parmigiano lo vuole stagionato o fresco?
Le olive le vuole verdi o nere?

A Gianni gli telefono domani.
A Gianni telefono domani.
Del mio problema ve ne ho già parlato.
Del mio problema vi ho già parlato.

Will man das Objekt besonders betonen, kann man es an den Anfang des Satzes stellen. Darauf folgt das betreffende direkte oder indirekte Objektpronomen bzw. das Pronominaladverb. Bei einem Dativobjekt oder einer adverbialen Ergänzung ist das Pronomen bzw. das Pronominaladverb nicht obligatorisch.

8.5 Verben mit direktem oder indirektem Objekt

Auf einige Verben folgt das **direkte Objekt**:

aiutare		Aiuto Giulio.	**Lo/L'**aiuto.
ascoltare		Ascolto Anna.	**La/L'**ascolto.
incontrare	qualcuno	Incontro gli amici.	**Li** incontro.
ringraziare		Ringraziamo le signore.	**Le** ringraziamo.
seguire		Segua quell'auto!	**La** segua!

E 2

Auf einige andere Verben folgt hingegen das **indirekte Objekt**:

chiedere		Chiedo a Gino se parte.	**Gli** chiedo se parte.
domandare	a qualcuno	Domandi a Lea se viene?	**Le** domandi se viene?
telefonare		Telefono domani a Marco.	**Gli** telefono domani.

Auf viele Verben kann entweder ein **direktes** oder **indirektes Objekt** folgen:

Stefano scrive una lettera.	**La** scrive.
Stefano scrive a Mauro.	**Gli** scrive.

8.6 Das Pronominaladverb *ne*

E 1

*Vorrei **del** pane.*
*Quanto **ne** vuole?* (*ne* = di pane)

Hai dei pomodori? – Sì,   **ne** ho due.
ne ho alcuni.
ne ho molti.

Ne hat eine partitive Funktion. Es steht für eine Teilmenge einer bereits erwähnten Sache. Oft bleibt es unübersetzt. Die deutsche Entsprechung wäre »davon«.

*Parla tutto il tempo **di** sport.*
Ne parla tutto il tempo.

Ne kann Ergänzungen ersetzen, die mit der Präposition **di** eingeleitet werden.

8.7   Das Pronominaladverb *ci*

*Vai spesso **a Padova**?*

E 1   *Sì, **ci** vado spesso.* (*ci* = a Padova)

Ci steht für eine bereits genannte Orts-/Richtungsangabe und bedeutet »dort(hin)«.

*Non penso spesso **alla mia infanzia**.*

E 2   *Non **ci** penso spesso.*

In vielen Fällen ersetzt *ci* Ausdrücke mit der Präposition *a*.

E 3

abituarsi a	Non ti sei abituata *al nuovo orario*?	No, non mi **ci** sono ancora abituata.
credere a	Credi *all'oroscopo*?	No, non **ci** credo affatto.
pensare a	Hai pensato *a quel problema*?	Non ancora, **ci** penserò domani.
rinunciare a	Rinunci spesso *alla macchina*?	Beh, **ci** rinuncio il più possibile.
riuscire a	Sei riuscita *a riparare la macchina*?	Sì, **ci** sono riuscita.

*Marina è una persona simpatica, **ci** (= con lei) parlo sempre volentieri.*

Ci kann auch Ausdrücke mit der Präposition **con** ersetzen.

Ci kann auch in der Verbindung mit einigen Verben stehen, die dann eine spezifische Bedeutung bekommen:

metterci   = avere bisogno di tempo per fare qualcosa
              (siehe auch Paragraf 13.29.2)
rimanerci male = essere delusi
tenerci   = ritenere importante
volerci   = occorrere (siehe auch Paragraf 13.29.1)

*Quanto **ci** mette il treno da Milano a Como?*
*Filippo non è venuto alla festa e Sara **ci** è rimasta molto male.*
*Gina **ci** tiene molto ad essere informata dal capo.*
*Quante uova **ci** vogliono per il tiramisù?*

– *Chi porta Franco a casa?*   *Ci* steht vor den Pronomen *lo, la, li, le*
– ***Ce lo** portiamo noi!*   und wird dabei zu *ce*.

Ti dovresti essere abituata al computer!   *Ci* steht aber hinter den Pronomen *mi, ti, vi*.
***Ti ci** dovresti essere abituata!*

8.8 Die Stellung der Pronomen bei den Modalverben *dovere, potere, volere, sapere* + Infinitiv

*Non **lo** voglio chiamare.*
*Non voglio chiamar**lo**.*

Gli devi parlare.
Devi parlargli.

Ci puoi andare a piedi.
Puoi andarci a piedi.

Lo sai suonare?
Sai suonarlo?

E 2

Bei den Modalverben *dovere, potere, volere* und *sapere* + Infinitiv können die Objektpronomen sowie die Pronominaladverbien *ci* und *ne* vor oder nach den beiden Verben stehen; werden sie wie im zweiten Fall direkt an den Infinitiv angehängt, verliert der Infinitiv seinen Endvokal.

Pronomen	Modalverb	Infinitiv	Pronomen
Gli	devi	parlare.	
	Devi	parlar-	**gli**.

8.9 Die direkten Objektpronomen in Verbindung mit *avere*

Hai tu i biglietti?
Chi ha il cellulare?

*No, **ce li** ha Simona.*
***Ce l'ho** io!*

Stehen vor *avere* als Hauptverb die Objektpronomen *lo, la, li* oder *le*, wird vor diese die Partikel **ci** gestellt, welche in der Verbindung mit dem Pronomen zu **ce** wird.

8.10 Zusammengesetzte Pronomen

– *Mi presti il vocabolario?*
– *Chi vi ha dato la macchina?*
– *Puoi prestare i tuoi CD a Elsa?*
– *Gli hai detto del problema?*

– *Certo, **te lo** presto volentieri.*
– ***Ce l(a)'**ha prestata Giovanni.*
– *Ma sì, **glieli** presto volentieri.*
– *Sì, **gliene** ho parlato proprio ieri.*

E 3

Treffen zwei unbetonte Pronomen aufeinander, ergeben sich die folgenden Kombinationen: Das *-i* des Personalpronomens wird zu *-e*; *gli* und *le* werden zu *glie-* und bilden mit dem folgenden Pronomen ein einziges Wort.

		+ lo	+ la	+ li	+ le	+ ne
(= a me)	mi	me lo	me la	me li	me le	me ne
(= a te)	ti	te lo	te la	te li	te le	te ne
(= a lui/lei/Lei)	gli/le/Le	glielo	gliela	glieli	gliele	gliene
(= a noi)	ci	ce lo	ce la	ce li	ce le	ce ne
(= a voi)	vi	ve lo	ve la	ve li	ve le	ve ne
(= a loro)	gli	glielo	gliela	glieli	gliele	gliene

Für die dritte Person Plural existiert auch die Form mit *loro*.
In diesem Fall ist die Stellung des Pronomens eine andere:

– *Cosa hai detto a Marco e Anna?* – *Ho detto **loro** di venire da noi a cena domani.*
Es handelt sich hierbei um eine weniger häufig verwendete Form.

*I giovani **si** scambiano **molti SMS**. Se **li** scambiano quasi ogni giorno.*
– *Ogni quanto **ti** lavi **i capelli**?* – *Me **li** lavo ogni tre giorni.*

Auch die Reflexivpronomen können mit den unbetonten Pronomen
kombiniert werden.

Reflexivpronomen	+ lo	+ la	+ li	+ le	+ ne
mi	me lo	me la	me li	me le	me ne
ti	te lo	te la	te li	te le	te ne
si	se lo	se la	se li	se le	se ne
ci	ce lo	ce la	ce li	ce le	ce ne
vi	ve lo	ve la	ve li	ve le	ve ne
si	se lo	se la	se li	se le	se ne

8.10.1   Die Stellung der zusammengesetzten Pronomen

– *Sono tuoi questi occhiali?*

– *Oh, sì, dam**meli** per favore!*

– *Mi presti la macchina?*

– *Oggi no, ma posso prestar**tela** domani.*

– *Mino ti ha poi prestato quel libro?*

– *Sì, ma dando**melo** mi ha pregato di fare attenzione.*

Die Stellung der zusammengesetzten Pronomen entspricht jener der einfachen Pronomen. Bei Verben im Imperativ (2. Person Singular und Plural), im Infinitiv und im *gerundio* werden die zusammengesetzten Pronomen unmittelbar an das Verb angehängt und bilden so mit diesem zusammen ein einziges Wort.

Imperativ	Infinitiv	*gerundio*
dam**meli**!	prestar**tela**	dando**melo**

9 Die Relativpronomen

che

*La ragazza **che** canta è una mia cara amica.* (Das Mädchen, das…)
*Come si chiamano i ragazzi **che** hai conosciuto ieri?* (…die Jungs, die…)
Das Relativpronomen *che* wird als Subjekt oder direktes Objekt gebraucht.

E 2

cui

*Questo è il libro **di cui** ti ho parlato.* (…das Buch, von dem…)
*I bambini **con cui** gioca Sara sono molto simpatici.* (Die Kinder, mit denen…)
Nach einer Präposition wird das Relativpronomen *cui* gebraucht.

Che und *cui* sind unveränderlich und stehen für Personen oder Sachen.

il quale / la quale / i quali / le quali

*Il figlio di Giuliana, **la quale** conosce bene Antonio, è andato a lavorare da lui.*
*È un amico **per il quale** farei di tutto.*
*Non sono molti i colleghi **con i quali** mi trovo davvero bene.*

E 3

Das Relativpronomen *il quale/la quale/i quali/le quali* steht für *che* oder *cui* + Präposition. Während jedoch *che* und *cui* unveränderlich sind, richtet sich *il quale* in Geschlecht und Zahl nach der Person oder Sache, auf die es sich bezieht. Es wird hauptsächlich in der Schriftsprache verwendet oder um Mehrdeutigkeiten zu vermeiden.

colui che

E 3

Colui che indovinerà per primo riceverà il premio.

Das Relativpronomen *colui che* (derjenige, der) bezieht sich nur auf Personen und wird in der Regel nur in der Schriftsprache verwendet. Es gibt von diesem Relativpronomen auch weibliche Formen und Pluralformen.

	Singular	Plural
männlich	colui che	coloro che
weiblich	colei che	coloro che

Colui che und *colei che* entsprechen *chi* bzw. *quello che/quella che; coloro* entspricht *quelli/quelle che:*

Una vera amica è **colei che** (= chi/quella che) *ti sa capire.*
Non ti dimenticare di **coloro che** (= quelli che) *ti sono veramente amici.*

il cui / la cui / i cui / le cui

Alice, **il cui** *fratello vive a Londra, non parla inglese.*
Marco, **la cui** *madre è francese, parla tre lingue.*
Sono problemi **i cui** *effetti si vedranno tra poco tempo.*
Francesco, **le cui** *canzoni sono famosissime, darà un concerto a Roma.*

Das Relativpronomen *il cui/la cui/i cui/le cui* wäre im Deutschen mit »dessen/deren« zu übersetzen. Dabei bezieht sich der Artikel auf das folgende Substantiv.

10   Die Demonstrativa

E 1

Questa macchina è molto bella.   (Demonstrativadjektiv)
Questa invece no.   (Demonstrativpronomen)

Demonstrativadjektive begleiten Substantive; Demonstrativpronomen ersetzen ein Substantiv. Beide richten sich in Geschlecht und Zahl nach ihrem Bezugswort.

questo

Questo/questa/questi/queste (der, die, das… hier; dieser, -e, -es) verweisen auf
Personen/Sachen, die sich in unmittelbarer Nähe der sprechenden Person befinden.

Demonstrativadjektiv

Questo vestito è stretto.   *Questi libri sono interessanti.*
Questa casa è cara.   *Queste scarpe sono strette.*

Quest'anno
Quest'isola
Questo und *questa* können im Singular apostrophiert werden, wenn das folgende
Substantiv mit einem Vokal beginnt.

Demonstrativpronomen

Questo è Giovanni.   *Questi sono Giovanni e Marco.*
Questa è Maria.   *Queste sono Maria e Anna.*

quello

Quello/quella/quelli/quelle (der, die, das… dort; jener, -e, -es) verweisen auf
Personen/Sachen, die von der sprechenden Person etwas weiter entfernt sind.

	männlich		weiblich	
	Singular	Plural	Singular	Plural
vor Konsonant	**quel** gelato	**quei** gelati	**quella** camera	**quelle** camere
vor Vokal	**quell'**amico	**quegli** amici	**quell'**amica	**quelle** amiche
vor s + Konsonant	**quello** straniero	**quegli** stranieri		
vor z	**quello** zucchino	**quegli** zucchini		

Quello als Demonstrativadjektiv verhält sich – im Hinblick auf die Endung – wie der bestimmte Artikel: *il* bambino ➤ *quel* bambino; *l'*isola ➤ *quell'*isola; *gli* studenti ➤ *quegli* studenti usw.

E 1

Demonstrativpronomen

*Questo maglione è troppo caro. Preferisco **quello**.*
*Questa camicia è troppo cara. Preferisco **quella**.*
*Questi maglioni sono troppo cari. Preferisco **quelli**.*
*Queste scarpe sono troppo care. Preferisco **quelle**.*

Wird *quello* als Demonstrativpronomen verwendet, ändert sich nur der letzte Buchstabe.

11 Die Possessiva

11.1 Die Possesivbegleiter

Possessivbegleiter richten sich in Geschlecht und Zahl nach ihrem Bezugswort.

E 2

| | männlich | | weiblich | |
	Singular	Plural	Singular	Plural
io	il mio	i miei	la mia	le mie
tu	il tuo	i tuoi	la tua	le tue
lui/lei	il suo	i suoi	la sua	le sue
Lei	il Suo libro	i Suoi amici	la Sua camera	le Sue amiche
noi	il nostro	i nostri	la nostra	le nostre
voi	il vostro	i vostri	la vostra	le vostre
loro	il loro	i loro	la loro	le loro

*Enrico viene con **il suo** amico italiano.*
*Marta parla con **una sua** amica ticinese.*
*Giuliano ha accompagnato a casa **le sue** amiche.*
Suo bedeutet sowohl »sein« als auch »ihr« und bezieht sich nur auf das Besitzobjekt und nicht auf den Besitzer.
Dasselbe gilt für *sua, sue, suoi*.

*Sandro e Maria hanno una macchina. **La loro** macchina è nuova.*
Loro selbst ist unveränderlich, nur der Artikel verändert sich.

*Ti presento **mio fratello**.*
Vor Possessivbegleitern steht in der Regel der entsprechende (bestimmte oder unbestimmte) Artikel. Dieser Artikel entfällt bei Verwandtschaftsbezeichnungen im Singular (*padre, madre, fratello, sorella, zio, cugina* usw.).

	Verwendet wird der Artikel jedoch
il loro padre	in Verbindung mit dem Possessivbegleiter *loro*,
i tuoi fratelli	im Plural,
la mia sorell**ina**	bei Verwandtschaftsbezeichnungen + Suffix,
la mia mamma, **il mio** papà	bei Koseformen,
il suo fratello **minore**	in Verbindung mit einem Adjektiv,
la mia cara nonna	
il mio zio **di Milano**	mit einer Ergänzung.

11.2 Die Possessivpronomen

*Prestami la tua bicicletta, **la mia** è rotta.*
*Ho lasciato a casa i miei occhiali da sole. Mi dai **i tuoi**?*
*Nostro figlio va molto d'accordo con **il vostro**.*

E 3

Die Possessivpronomen werden verwendet, um die Wiederholung eines Substantivs zu vermeiden. Vor ihnen steht immer der bestimmte Artikel.

11.3 Die Possessiva mit dem Verb *essere*

– Di chi è quest'ombrello?   *– È **mio**.*
*– Signora, sono **suoi** questi guanti?*   *– Sì, sono **miei**.*

Mit *è mio, è tuo, sono miei* usw. wird ein Besitzverhältnis bezeichnet.
Es wird kein bestimmter Artikel verwendet.

11.4 Possessivpronomen mit substantivischer Bedeutung

E 3

*È molto che non vedo **i tuoi**.*

In einigen Fällen bezeichnen die Possessivpronomen ein Substantiv.
Hier einige Beispiele:

*Lina non vive più con **i suoi**.*	i familiari
*Carissima, rispondo **alla tua** con un po' di ritardo.*	una lettera
*Ho il diritto di dire **la mia**!*	un'opinione
*Beviamo **alla vostra**!*	salute (in un brindisi)

11.5 Die Stellung der Possessivbegleiter

Normalerweise stehen die Possessivbegleiter vor einem Substantiv.
In einigen festen Ausdrücken stehen sie jedoch hinter dem Substantiv:

*Ma perché non si fa **gli affari Suoi**?*

*Scusa, ma questi sono **fatti miei**.*

*Domani vieni a **casa mia**?*

*Saluti **da parte nostra**!*

*Vorrei lavorare **per conto mio**.*

*Per **merito vostro** abbiamo finito presto.*

*Per **colpa loro** ho perso l'aereo.*

*È la prima volta **in vita mia** che fumo la pipa.*

***Dio mio**, che emozione!*

***Mamma mia**, che paura!*

12 Die Indefinita

poco, molto/tanto, troppo

E 1

Poco, molto/tanto, troppo können als Adjektive, als Pronomen und als Adverbien gebraucht werden.

Adjektivischer Gebrauch

*Ho **poco** tempo.*

*Hanno **tante** cose da fare.*

Bei adjektivischem und pronominalem Gebrauch sind sie veränderlich, d.h. sie gleichen sich in Geschlecht und Zahl dem Substantiv an, auf das sie sich beziehen.

Pronominaler Gebrauch

*Hai comprato delle uova? – Sì, ma **poche**.*

*Quanti amici hai? – **Molti**.*

Adverbialer Gebrauch

*Ho mangiato **troppo**.*

*Abbiamo studiato **poco**.*

*Il corso è stato **poco** interessante.*

*Ho una casa **molto** bella.*

Bei adverbialem Gebrauch sind sie unveränderlich.

qualche

*Ho avuto **qualche** problema.*

*Oggi c'è **qualche** nuvola.*

***Qualche volta** dopo mangiato faccio una passeggiata.*

Qualche bedeutet »einige« und ist unveränderlich.

Das darauf folgende Substantiv steht immer im Singular.

tutto

*Ho studiato **tutto il** giorno.* (…den ganzen Tag…)

*Ho studiato **tutta la** mattina.* (…den ganzen Vormittag…)

*Ho studiato **tutti i** giorni.* (…jeden Tag…)

*Ho studiato **tutte le** mattine.* (…jeden Vormittag…)

Tutto bedeutet im Singular »ganz« und im Plural »alle«.

Auf *tutto* folgt der bestimmte Artikel.

ogni

*Mangio **ogni** giorno una mela.*   *Guardo la TV **ogni** sera.*

Ogni (jeder / -e / -es) ist unveränderlich. Das darauf folgende Substantiv steht immer im Singular.

nessuno/-a

Nessuno (kein, niemand) kann sowohl als Adjektiv als auch als Pronomen gebraucht werden. Es kann jedoch nicht in den Plural gesetzt werden.

E 2

Adjektivischer Gebrauch (*nessuno* begleitet ein Substantiv):

*Non ho **nessuna** voglia di andare al cinema.*

*Non ho **nessun** programma per domani.*

*Non abbiamo **nessun'**altra possibilità.*

*Quest'anno a teatro non c'è **nessuno** spettacolo che m'interessa.*

Steht *nessuno* vor einem Substantiv, dann verhält es sich wie der unbestimmte Artikel.

Pronominaler Gebrauch (*nessuno* ersetzt ein Substantiv):

Non è ancora arrivato **nessuno**.

Non ho sentito **nessuna** *delle due ragazze*.

Nessuno *vuole venire*.

Steht *nessuno/-a* am Satzanfang, so ist keine doppelte Verneinung nötig.

qualcuno/-a

Ti viene in mente **qualcuno**?
Conosci **qualcuna** *delle sue amiche*?

Qualcuno (jemand, irgend jemand) ist ein Pronomen und kann nur im Singular verwendet werden.

13 Das Verb

Die Infinitivformen der regelmäßigen Verben enden auf *-are* (1. Konjugation), auf *-ere* (2. Konjugation), auf *-ire* (3. Konjugation).

1. Konjugation	2. Konjugation	3. Konjugation
abit**are**	prend**ere**	dorm**ire**, prefer**ire**

13.1 Das Präsens

13.1.1 Regelmäßige Verben

	abit**are**	prend**ere**	dorm**ire**	prefer**ire**
(io)	ạbit**o**	prẹnd**o**	dọrm**o**	prefer**isco**
(tu)	ạbit**i**	prẹnd**i**	dọrm**i**	prefer**isci**
(lui/lei/Lei)	ạbit**a**	prẹnd**e**	dọrm**e**	prefer**isce**
(noi)	abit**iạmo**	prend**iạmo**	dorm**iạmo**	prefer**iạmo**
(voi)	abit**ạte**	prend**ẹte**	dorm**ịte**	prefer**ịte**
(loro)	ạbit**ano**	prẹnd**ono**	dọrm**ono**	prefer**ịscono**

Die 3. Person Singular ist auch die Höflichkeitsform: *Signor Rossi, dove abita?*
(Der Punkt unter der Verbform gibt die betonte Silbe an.)

	are	ere	ire
(io)	-o	-o	-o
(tu)	-i	-i	-i
(lui/lei/Lei)	-a	-e	-e
(noi)	-iamo	-iamo	-iamo
(voi)	-ate	-ete	-ite
(loro)	-ano	-ono	-ono

Die Endungen *-o, -i, -iamo* gelten für alle drei Konjugationen.

Viele Verben auf *-ire* (z. B. *preferire*) haben die Stammerweiterung *-isc-* vor der Endung des Singulars und der 3. Person Plural. Zu dieser Art der Konjugation gehören Verben wie *capire, costruire, finire, pulire, spedire, unire* usw.

13.1.2   Unregelmäßige Verben

Es gibt im Italienischen einige Verben, die in ihren Formen im Präsens unregelmäßig sind. Hier eine Liste der wichtigsten unregelmäßigen Verben:

andare	fare	stare
avere	potere	tenere
bere	rimanere	uscire
dare	riuscire	venire
dire	sapere	volere
dovere	scegliere	
essere	sedere	

Für die Konjugation dieser Verben vgl. Anhang S. 93-95.

13.1.3   Verben auf *-care/-gare, -ciare/-giare, -gere* und *-scere*

	gio**care**	pa**gare**	comin**ciare**	man**giare**	leg**gere**	cono**scere**
(io)	gioco	pago	comincio	mangio	leggo	conosco
(tu)	giochi	paghi	cominci	mangi	leggi	conosci
(lui/lei/Lei)	gioca	paga	comincia	mangia	legge	conosce
(noi)	giochiamo	paghiamo	cominciamo	mangiamo	leggiamo	conosciamo
(voi)	giocate	pagate	cominciate	mangiate	leggete	conoscete
(loro)	giocano	pagano	cominciano	mangiano	leggono	conoscono

E 1 Bei Verben auf *-care/-gare* wird in der 2. Pers. Sing. und in der 1. Pers. Plur. ein *-h-* eingeschoben, damit die Aussprache erhalten bleibt. In den Verben auf *-ciare/ -giare* verschmilzt das *-i-* des Stammes mit dem *-i-* der Endung, so dass die Formen der 2. Pers. Sing. und der 1. Pers. Plur. nur ein *-i-* aufweisen. Bei Verben auf *-gere* und *-scere* ändert sich die Aussprache von [-g-] zu [-ʤ-] bzw. von [-sk-] zu [-ʃ-], je nachdem, ob der nachfolgende Vokal ein *o* oder ein *e/i* ist: leggo [-go], leggi [-ʤi], conosco [-sko], conosci [-ʃi].

13.2 Das Verb *piacere* (gefallen, schmecken)

Auf das Verb *piacere* kann ein Verb im Infinitiv oder ein Substantiv folgen.

*Mi **piace** leggere.*
Mit dem Infinitiv verwendet man die 3. Person Singular.

*Vi **piace** questa musica?* (Singular)
*Mi **piacciono** molto le penne al pomodoro.* (Plural)
Folgt auf *piacere* ein Substantiv, so richtet
sich die Verbform nach dem Substantiv
(Singular oder Plural).

13.3 *c'è, ci sono* (es gibt, da ist, da sind)

C'è un parcheggio qui vicino?
*A Venezia in questo periodo **ci sono** molti turisti.*
C'è wird mit einem Substantiv im Singular und *ci sono* mit
einem Substantiv im Plural verwendet.

Beachten Sie den Unterschied zwischen *c'è/ci sono* und *dov'è/dove sono*:
C'è un ristorante qui vicino? (= ich weiß nicht, ob es eines gibt)
Dov'è il ristorante «Al sole»? (= ich weiß, dass es das Restaurant gibt und
  möchte wissen, wo es sich befindet)

13.4 Das Verb *sapere*

*Gianna **sa** suonare molto bene il pianoforte.*
Das Verb *sapere* hat auch die Bedeutung von
»können«.

13.5 *Sapere* oder *potere*?

*Giuliano non **sa** cantare: è veramente stonato.*
*Anna oggi non **può** cantare, ha il mal di gola.*
*Filippo per un mese non **può** giocare a tennis, perché ha un braccio rotto.*

Non sapere steht hier für das Unvermögen etwas zu können; *non potere* hingegen steht für die Unmöglichkeit etwas zu machen, aufgrund von äußeren Umständen, die nichts mit der Fähigkeit an sich zu tun haben.

13.6 Reflexive Verben

	riposar**si**
(io)	**mi** riposo
(tu)	**ti** riposi
(lui/lei/Lei)	**si** riposa
(noi)	**ci** riposiamo
(voi)	**vi** riposate
(loro)	**si** riposano

E 1

Bei der Konjugation der reflexiven Verben im Präsens steht das Reflexivpronomen immer vor dem Verb.

*Domani **mi** alzo presto.*
*Domani **non mi** alzo presto.*

Die Verneinung *non* steht vor dem Reflexivpronomen.

Dies sind einige reflexive Verben:

alzarsi	annoiarsi	chiamarsi	divertirsi	informarsi
lavarsi	mettersi	riposarsi	svegliarsi	vestirsi

13.6.1 Transitive Verben mit reflexiven Pronomen

*Gabriele **si** mangia un gelato.*

Bisweilen werden vor allem in der gesprochenen Sprache die Pronomen *mi, ti, si, ci, vi* gemeinsam mit transitiven Verben (d. h. Verben, auf die ein direktes Objekt folgen kann) gebraucht. Durch den Gebrauch des Pronomens wird eine verstärkte innere Anteilnahme an der Handlung ausgedrückt.

E 3

Angelo mangia la torta.   *Angelo **si** mangia la torta.*

Ho mangiato un bel piatto di pasta.
Mi sono mangiato/-a *un bel piatto di pasta.*

Die zusammengesetzten Zeiten werden mit dem Hilfsverb *essere* gebildet; das Partizip Perfekt wird dem Geschlecht und dem Numerus des Subjekts angepasst.

13.7 Das *si impersonale* und das *si passivante*

13.7.1 Das *si impersonale*

*Da «Pino» **si mangia** bene.*
Das *si impersonale* wird mit *si* + Verb in der 3. Person Singular gebildet.

*Se **si è amici**, è importante essere sinceri.*   (= se siamo amici… siamo sinceri)
*Non **si deve essere** troppo **severi**.*   (= non dobbiamo essere troppo severi)
Nach der *si*-Konstruktion mit *essere* stehen Substantive und Adjektive im Plural und meist im Maskulinum, es sei denn, sie beziehen sich nur auf weibliche Personen oder Sachen.

*Se **si è mangiato** troppo, è meglio restare un po' a dieta.*   (se abbiamo **mangiato**)
*Si **è riusciti** ad evitare la speculazione edilizia.*   (siamo **riusciti**)
Bei der *si*-Konstruktion werden die zusammengesetzten Zeitformen (z. B. *passato prossimo*) mit dem Hilfsverb *essere* in der 3. Person Singular gebildet. Das Partizip Perfekt steht im Plural, wenn das Verb die zusammengesetzten Zeiten mit *essere* bildet.

13.7.2 Das *si impersonale* mit reflexiven Verben

Ci si sposa sempre meno e ci si separa sempre di più.
Das *si impersonale* der reflexiven Verben wird mit *ci* + 3. Person Singular
des entsprechenden Verbs gebildet.

Ultimamente ci si è abituati all'uso delle e-mail.　　　　(**ci siamo** abituati)
Die zusammengesetzten Zeitformen (z. B. *passato prossimo*) werden mit
dem Hilfsverb *essere* gebildet. Das Partizip Perfekt steht im Maskulinum
(oder Femininum) Plural.

13.7.3 Das *si passivante*

E 1

Qui si parla francese.
Qui si parlano quattro lingue.
Wenn nach *si* + Verb ein Substantiv im Singular folgt, steht das Verb
in der 3. Person Singular. Steht das folgende Substantiv im Plural, erscheint
das Verb in der 3. Person Plural.

E 3

Alla festa si è parlato solo italiano.　　　　(*italiano* = Sing.)
Alla festa si sono parlate molte lingue.　　　　(*molte lingue* = Plur.)
Bei den zusammengesetzten Zeiten wird das Hilfsverb *essere* in der
3. Person Singular oder Plural verwendet. Das Partizip Perfekt wird
an das Bezugswort angepasst.

13.7.4 Andere Möglichkeiten der Wiedergaben von »man«

• durch das Indefinitpronomen *uno*:
　Uno si abitua facilmente alle comodità.

• durch das Verb in der 3. Person Plural:
　*Spesso **dicono** che il nuoto è lo sport più completo.*
　***Hanno aperto** un nuovo centro commerciale.*
　*Che film **danno** stasera?*

• durch ein Passiv:
　*Qua **sarà/verrà costruita** una nuova scuola.*
　*In maggio **sono stati aggiunti** due nuovi reparti.*

13.8 Das *passato prossimo*

*Marina **ha mangiato** un gelato.*
*Simona e Luca **sono andati** a Bologna.*

Das *passato prossimo* wird mit dem Hilfsverb *avere* oder *essere* im Präsens und dem Partizip Perfekt des entsprechenden Verbs gebildet.

Das Partizip Perfekt der regelmäßigen Verben:

Infinitiv	Partizip Perfekt
mangiare	mangiato
avere	avuto
partire	partito

Infinitiv	Partizip Perfekt
-are	-ato
-ere	-uto
-ire	-ito

Das *passato prossimo* mit *avere:*

	avere	Partizip Perfekt
(io)	ho	mangiato
(tu)	hai	mangiato
(lui/lei/Lei)	ha	mangiato
(noi)	abbiamo	mangiato
(voi)	avete	mangiato
(loro)	hanno	mangiato

Das *passato prossimo* mit *essere:*

	essere	Partizip Perfekt
(io)	sono	andato/-a
(tu)	sei	andato/-a
(lui/lei/Lei)	è	andato/-a
(noi)	siamo	andati/-e
(voi)	siete	andati/-e
(loro)	sono	andati/-e

*Davide **è andato** a Stromboli.*
*Daniela **è andata** a Bormio.*
*Davide e Daniela **sono andati** in vacanza.*
*Daniela e Maria **sono andate** al lavoro.*

Wird das *passato prossimo* mit *avere* gebildet, bleibt das Partizip unverändert. Wird das *passato prossimo* mit *essere* gebildet, wird das Partizip in Geschlecht und Zahl dem Subjekt angeglichen.

*Davide **non è andato** a Firenze.*

Die Verneinung *non* steht vor dem Hilfsverb *essere* oder *avere.*

13.8.1 Besonderheiten beim Gebrauch der Hilfsverben *essere* und *avere*

*Anna **ha passeggiato** per le vie del centro.* ***Ho nuotato** mezz'ora in piscina.*	Einige Verben der Bewegung bilden das *passato prossimo* mit dem Hilfsverb *avere*, z.B. *camminare, nuotare, passeggiare, sciare, viaggiare.*

*La mostra mi **è piaciuta** molto.*
*Il concerto **è durato** un'ora e mezza.*

Die Verben *piacere* und *durare* bilden das *passato prossimo* mit *essere*.

E 2

Es gibt Verben, die das *passato prossimo* sowohl mit *avere* als auch mit *essere* bilden, je nachdem, ob sie transitiv (mit direktem Objekt) oder intransitiv (ohne direktes Objekt) gebraucht werden.

cominciare:
*Tullio **ha cominciato** a studiare.*
*Il corso **è cominciato** lunedì.*

finire:
***Ho finito** di leggere il libro.*
*Il concerto **è finito** tardi.*

cambiare:
*Monica **ha cambiato** casa.*
*Giulia **è** molto **cambiata**.*

So verhalten sich auch die Verben *correre, passare, salire* und *scendere.*

Viele Verben, besonders solche auf *-ere,* weisen eine unregelmäßige Partizipbildung auf.

aprire	**aperto**	mettere	**messo**
bere	**bevuto**	perdere	**perso / perduto**
chiedere	**chiesto**	prendere	**preso**
chiudere	**chiuso**	rimanere	**rimasto**
coprire	**coperto**	rispondere	**risposto**
decidere	**deciso**	rompere	**rotto**
dire	**detto**	scegliere	**scelto**
essere	**stato**	scrivere	**scritto**
fare	**fatto**	spendere	**speso**
leggere	**letto**	vedere	**visto / veduto**
		venire	**venuto**

E 1

13.8.2 Das *passato prossimo* der reflexiven Verben

In luglio ci siamo trasferiti nella nuova casa.
Ieri Cristina si è alzata prestissimo.

Das *passato prossimo* der reflexiven Verben wird mit dem Hilfsverb *essere* gebildet. Die Partizipendung richtet sich daher in Geschlecht und Zahl nach dem Subjekt.

(io)	mi sono	
(tu)	ti sei	trasferito/trasferit**a**
(lui/lei/Lei)	si è	
(noi)	ci siamo	
(voi)	vi siete	trasferit**i**/trasferit**e**
(loro)	si sono	

13.8.3 Das *passato prossimo* der Modalverben *dovere, potere, volere*

Flavia ha voluto mangiare con gli amici.
Sonia è voluta restare ancora una settimana in campagna.

Die Modalverben *dovere, potere, volere,* auf die ein Inifinitiv folgt, können das *passato prossimo* sowohl mit *avere* als auch mit *essere* bilden, je nachdem, welches Hilfsverb das Verb im Infinitiv verlangt.

Noi abbiamo finito il lavoro ieri.   *Noi abbiamo dovuto finire il lavoro ieri.*
Claudio è restato a casa.   *Claudio è voluto restare a casa.*

Folgt auf das Modalverb ein Verb, dessen *passato prossimo* mit *avere* gebildet wird, so verwendet man beim Modalverb auch *avere*. Wird jedoch das *passato prossimo* des Verbs mit *essere* gebildet, verwendet man beim Modalverb auch *essere*.

In der gesprochenen Sprache verwendet man häufig auch Formen mit *avere,* wie etwa:
Abbiamo voluto partire alle 8.

Wenn die Modalverben *dovere, potere, volere* mit einem reflexiven Verb in Verbindung stehen, kann man das Hilfsverb *essere* oder *avere* verwenden:

alzarsi

*Daniela **si è dovuta alzare** presto.*　　　　Man verwendet *essere,* wenn das Reflexivpronomen vor dem konjugierten Verb steht; das Partizip Perfekt stimmt mit dem Subjekt überein.

*Daniela **ha dovuto alzarsi** presto.*　　　　Man verwendet *avere,* wenn das Reflexivpronomen an den Infinitiv angehängt wird; das Partizip Perfekt stimmt nicht mit dem Subjekt überein.

13.8.4　Die Übereinstimmung des Partizips Perfekt mit den direkten Objektpronomen und mit *ne*

*Hai visto **il film**?*	*Sì, **l'ho** visto.* (il film)
*Hai chiuso **la finestra**?*	*Sì, **l'ho** chiusa.* (la finestra)
*Hai chiamato **i ragazzi**?*	*Sì, **li** ho chiamati.* (i ragazzi)
*Hai spedito **le lettere**?*	*No, non **le** ho ancora spedite.* (le lettere)

Stehen die direkten Objektpronomen *lo, la, li, le* vor dem *passato prossimo,* muss die Endung des Partizips in Geschlecht und Zahl den Objektpronomen angeglichen werden.

*Quanti **panini** hai mangiato?*	***Ne** ho mangiati **tre**.*
*Quante **cassette** hai portato?*	***Ne** ho portata solo **una**.*

Steht vor dem *passato prossimo* «*ne*» (mit partitiver Funktion), so muss die Partizipendung des Verbs in Zahl *(tre, una)* und Geschlecht *(panini, cassette)* mit dem durch *ne* ersetzten Begriff übereinstimmen.

Achtung!

*Hai scritto **a Marcella**?*	*No, non **le** ho ancora scritto.*
*Hai telefonato **ai ragazzi**?*	*Sì, **gli** ho telefonato prima.*

Bei den indirekten Objektpronomen hingegen bleibt das Partizip Perfekt unverändert.

13.9 Das *imperfetto*

Regelmäßige Verben   *Unregelmäßige Verben*

parlare	vivere	dormire
parlavo	vivevo	dormivo
parlavi	vivevi	dormivi
parlava	viveva	dormiva
parlavamo	vivevamo	dormivamo
parlavate	vivevate	dormivate
parlavano	vivevano	dormivano

essere	bere	dire	fare
ero	bevevo	dicevo	facevo
eri	bevevi	dicevi	facevi
era	beveva	diceva	faceva
eravamo	bevevamo	dicevamo	facevamo
eravate	bevevate	dicevate	facevate
erano	bevevano	dicevano	facevano

13.9.1 Der Gebrauch des *imperfetto*

Das *imperfetto* wird gebraucht:

*Da bambina **andavo** spesso in montagna.*   um gewohnheitsmäßige Handlungen,

*Mia nonna **era** molto bella.*   Eigenschaften von Personen,
*Il treno **era** molto lento.*   von Gegenständen
*Alla festa c'**era** molta gente.*   sowie Zustände in der Vergangenheit darzustellen.

13.9.2 Die unterschiedliche Verwendung von *passato prossimo* und *imperfetto*

passato prossimo

*Ieri sera **siamo andati** al cinema.*
***Ho abitato** a Londra per cinque anni.*
Das *passato prossimo* stellt eine Handlung in der Vergangenheit dar, die vollendet ist.

*Martedì **siamo tornati** tardi.*
***Sono tornati** tardi tutte le sere.*
Das *passato prossimo* gibt eine einmalige Handlung oder eine wiederholte Handlung wieder, deren Häufigkeit aber genau (mit einer Zahl) benannt werden kann.

imperfetto

*In quel periodo **avevo** molti amici.*
*I miei nonni **abitavano** in campagna.*
Das *imperfetto* gibt hingegen eine Handlung von unbestimmter Dauer wieder.

*Normalmente **tornavamo** presto.*

Das *imperfetto* hingegen gibt eine regelmäßige bzw. gewohnheitsmäßige Handlung wieder.

Bei der Wiedergabe mehrerer zurückliegender Handlungen verwendet man

das *passato prossimo:*

das *imperfetto:*

Sono uscito di casa, ho comprato un giornale e sono andato al bar.
wenn man von Handlungen in der Vergangenheit erzählt, die nacheinander stattgefunden haben.

Mentre guidavo, Sergio controllava la cartina.
wenn man von mehreren gleichzeitig ablaufenden Vorgängen von unbestimmter Dauer erzählt.

das *imperfetto* und das *passato prossimo:*

Mentre leggevo, è entrata una ragazza.
Dauert die erste Handlung noch an, während eine zweite neu einsetzt, benutzt man das *imperfetto* für die andauernde und das *passato prossimo* für die neu einsetzende Handlung.

Beim *imperfetto* werden oft folgende Zeitangaben verwendet:

normalmente
Normalmente d'estate andavo al mare.

da bambino/-a
Da bambina leggevo moltissimo.

di solito
Di solito la sera andavamo a ballare.

da piccolo/-a
Da piccolo avevo un cane.

13.9.3   Der Gebrauch von *volere* im *imperfetto*

Das Verb *volere* im *imperfetto* wird gebraucht um

eine höfliche Bitte auszudrücken:
Volevo *due etti di parmigiano.*

eine Absicht bzw. einen Wunsch auszudrücken:
Stasera **volevamo** *andare a trovare Pino.*

13.9.4 Die Verben *sapere* und *conoscere*

E 2 Die Verben *sapere* und *conoscere* haben im Italienischen unterschiedliche Bedeutungen, je nachdem, ob sie im *passato prossimo* oder *imperfetto* stehen.

Ho saputo da Ugo che ti sposi.	= etwas von jemandem erfahren
Non sapevo che abiti a Roma.	= etwas seit längerer Zeit wissen bzw. nicht wissen
Ieri ho conosciuto Michele.	= jemanden kennen lernen
Antonio lo conoscevo già da un anno.	= jemanden oder etwas schon seit langer Zeit kennen

13.10 Das *trapassato prossimo* (Plusquamperfekt)

E 3

(io)	avevo mangiato	ero andato/-a
(tu)	avevi mangiato	eri andato/-a
(lui/lei/Lei)	aveva mangiato	era andato/-a
(noi)	avevamo mangiato	eravamo andati/-e
(voi)	avevate mangiato	eravate andati/-e
(loro)	avevano mangiato	erano andati/-e

Das *trapassato prossimo* wird mit den Imperfektformen von *essere* oder *avere* + dem Partizip Perfekt des Hauptverbs gebildet.

*Quando sono arrivato a casa, mia moglie **aveva** già **mangiato**.*
*Dopo aver visto le valigie ho capito che Angela non **era** ancora **partita**.*
*Era una persona che io non **avevo** mai **visto** prima.*

Das *trapassato prossimo* wird verwendet, um die Vorzeitigkeit gegenüber einem anderen vergangenen Ereignis auszudrücken. Häufig werden in diesem Zusammenhang Ausdrücke wie *già, non… ancora,* und *non… mai* verwendet, die normalerweise zwischen dem Hilfsverb und dem Partizip Perfekt *(già)* stehen, oder die zwischen das Subjekt, das Hilfsverb und das Partizip Perfekt gesetzt werden *(non… ancora, non… mai)*.

13.11   Das *passato remoto*

Regelmäßige Verben

	abitare	credere	dormire
(io)	abitai	credei/credetti	dormii
(tu)	abitasti	credesti	dormisti
(lui/lei/Lei)	abitò	credé/credette	dormì
(noi)	abitammo	credemmo	dormimmo
(voi)	abitaste	credeste	dormiste
(loro)	abitarono	crederono/credettero	dormirono

E 3

Die regelmäßigen Verben auf *-ere* haben in der 1. und 3. Pers. Sing. und in der 3. Pers. Plur. zwei Formen.

Unregelmäßige Verben

Unregelmäßig sind hauptsächlich Verben auf *-ere*; Unregelmäßigkeiten finden sich dabei vor allem in der 1. und 3. Person Singular *(io, lui/lei/Lei)* sowie in der 3. Person Plural *(loro)*. Häufig verwendete unregelmäßige Verben im *passato remoto* sind:

avere	ebbi, avesti, ebbe, avemmo, aveste, ebbero
bere	bevvi, bevesti, bevve, bevemmo, beveste, bevvero
chiedere*	chiesi, chiedesti, chiese, chiedemmo, chiedeste, chiesero
conoscere	conobbi, conoscesti, conobbe, conoscemmo, conosceste, conobbero
dare	diedi/detti, desti, diede/dette, demmo, deste, diedero/dettero
dire**	dissi, dicesti, disse, dicemmo, diceste, dissero
essere	fui, fosti, fu, fummo, foste, furono
fare	feci, facesti, fece, facemmo, faceste, fecero
nascere	nacqui, nascesti, nacque, nascemmo, nasceste, nacquero
sapere	seppi, sapesti, seppe, sapemmo, sapeste, seppero
stare	stetti, stesti, stette, stemmo, steste, stettero
tenere	tenni, tenesti, tenne, tenemmo, teneste, tennero
vedere	vidi, vedesti, vide, vedemmo, vedeste, videro
venire	venni, venisti, venne, venimmo, veniste, vennero
volere	volli, volesti, volle, volemmo, voleste, vollero

* Das *passato remoto* auf *-si* bilden ebenfalls:

chiudere	➤ chiusi	prendere	➤ presi
correre	➤ corsi	ridere	➤ risi
decidere	➤ decisi	rispondere	➤ risposi
mettere	➤ misi	scendere	➤ scesi
perdere	➤ persi/perdei/perdetti	spendere	➤ spesi

** Das *passato remoto* auf *-ssi* bilden ebenfalls:

discutere	➤ discussi	scrivere	➤ scrissi
leggere	➤ lessi	succedere	➤ successe
produrre	➤ produssi	vivere	➤ vissi

13.11.1 Der Gebrauch des *passato remoto*

La prima guerra mondiale finì nel 1918.
Das *passato remoto* drückt ein Geschehen aus, das in der Vergangenheit
abgeschlossen ist und keine Auswirkungen auf die Gegenwart hat.

*L'invenzione dell'auto **ha avuto** un ruolo determinante nello sviluppo della società.*
Das *passato prossimo* hingegen drückt aus, dass ein Geschehen noch irgend-
welchen Bezug zur Gegenwart hat.

Das *passato remoto* ist eine Zeitform, die fast ausschließlich in literarischen Texten
und historischen Darstellungen verwendet wird. In der gesprochenen Sprache
wird die oben beschriebene Differenzierung auf der Bedeutungsebene zwischen
dem *passato remoto* und dem *passato prossimo* nur in der Toskana und einigen
Regionen in Mittel- und Süditalien verwendet. Sprecher und Sprecherinnen
einiger Regionen in Süditalien verwenden fast ausschließlich das *passato remoto*,
um Handlungen in der Vergangenheit auszudrücken, wohingegen in Norditalien
vor allem das *passato prossimo* verwendet wird.

13.11.2 Das *passato remoto* und das *imperfetto*

*Dormivo da un paio d'ore quando **squillò**/**è squillato** il telefono.*
Beim Gebrauch von *passato remoto* und *imperfetto* gelten dieselben
Regeln wie beim Gebrauch von *passato prossimo* und *imperfetto* (vgl. 13.9.2).

13.12 Das *futuro semplice* (Futur I)

Regelmäßige Verben   *essere*

abitare	vendere	partire	spedire	
abiter**ò**	vender**ò**	partir**ò**	spedir**ò**	sar**ò**
abiter**ai**	vender**ai**	partir**ai**	spedir**ai**	sar**ai**
abiter**à**	vender**à**	partir**à**	spedir**à**	sar**à**
abiter**emo**	vender**emo**	partir**emo**	spedir**emo**	sar**emo**
abiter**ete**	vender**ete**	partir**ete**	spedir**ete**	sar**ete**
abiter**anno**	vender**anno**	partir**anno**	spedir**anno**	sar**anno**

Bei den Verben auf -*are* wird das -*a*- der Endung zu -*e*-:
abitare ➤ *abiterò*
Eine Ausnahme bilden folgende Verben:
dare ➤ *darò*; fare ➤ *farò*; stare ➤ *starò*

Bei den Verben auf -*care* und -*gare* wird vor der Endung ein -*h*- eingefügt:
cercare ➤ *cercherò*; pagare ➤ *pagherò*

Die Verben auf -*ciare* und -*giare* verlieren das -*i*-:
cominciare ➤ *comincerò*; mangiare ➤ *mangerò*

Einige Verben verlieren den Vokal vor der Infinitivendung -*re*:
avere ➤ avrò, avrai, avrà, avremo, avrete, avranno

Ebenso:
andare ➤ andrò   sapere ➤ saprò
dovere ➤ dovrò   vedere ➤ vedrò
potere ➤ potrò   vivere ➤ vivrò

Andere unregelmäßige Verben:
rimanere ➤ rimarrò, rimarrai, rimarrà, rimarremo, rimarrete, rimarranno

Ebenso:
bere ➤ berrò   venire ➤ verrò
tenere ➤ terrò   volere ➤ vorrò

13.12.1 Der Gebrauch des *futuro semplice*

Das *futuro semplice* wird gebraucht:

*Domenica **andremo** al mare.*

um Vorgänge zu beschreiben, die in der Zukunft liegen;

*Che dici? Questo pesce **sarà** fresco?*

um Vermutungen anzustellen.

Beim *futuro semplice* werden oft folgende Zeitangaben verwendet:

fra/tra
Fra/tra due mesi mi sposerò.

quando
Quando avrò 60 anni farò il giro del mondo.

prima o poi
Prima o poi dovrò cambiare lavoro.

13.13 Das *futuro anteriore* (Futur II)

(io)	avrò mangiato	sarò andato/-a
(tu)	avrai mangiato	sarai andato/-a
(lui/lei/Lei)	avrà mangiato	sarà andato/-a
(noi)	avremo mangiato	saremo andati/-e
(voi)	avrete mangiato	sarete andati/-e
(loro)	avranno mangiato	saranno andati/-e

Das *futuro anteriore* wird mit den Futurformen von *essere* oder *avere* + dem Partizip Perfekt des Hauptverbs gebildet.

13.13.1 Der Gebrauch des *futuro anteriore*

*Quando **avrò finito** questo lavoro andrò in vacanza.* (prima finisco, poi vado)
*Appena **sarò arrivata** a casa ti telefonerò.* (prima arrivo, poi ti telefono)
*Partiremo dopo che **ci saremo riposati.*** (prima ci riposiamo, poi partiamo)

In einem Nebensatz bezeichnet das *futuro anteriore* Vorzeitigkeit gegenüber der im *futuro semplice* stehenden Handlung des Hauptsatzes. Es wird gewöhnlich zusammen mit Konjunktionen wie *quando, dopo che, (non) appena* verwendet.

– *Tuo marito non è ancora arrivato?*
– *Mah, avrà trovato traffico…*   (= forse ha trovato traffico, suppongo che abbia trovato traffico)

Das *futuro anteriore* wird auch bei Vermutungen in der Vergangenheit verwendet.

13.14   Der *condizionale presente* (Konditional I)

Regelmäßige Verben   *essere*

E 2

parlare	vendere	dormire	preferire		essere
parlerei	venderei	dormirei	preferirei		sarei
parleresti	venderesti	dormiresti	preferiresti		saresti
parlerebbe	venderebbe	dormirebbe	preferirebbe		sarebbe
parleremmo	venderemmo	dormiremmo	preferiremmo		saremmo
parlereste	vendereste	dormireste	preferireste		sareste
parlerebbero	venderebbero	dormirebbero	preferirebbero		sarebbero

Der Stamm der Verben in den Formen des *condizionale presente* ist mit dem des *futuro semplice* identisch (vgl. 13.12).

Bei Verben auf *-are* wird das *-a-* der Infinitivendung zu *-e-*:
abitare ➤ *abiterei*
Ausnahmen sind die folgenden Verben:
dare ➤ *darei;* fare ➤ *farei;* stare ➤ *starei*

Die Verben auf *-care* und *-gare* haben zur Lauterhaltung ein *-h-* vor der Endung:
cercare ➤ *cercherei;* pagare ➤ *pagherei*

Verben auf *-ciare* und *-giare* verlieren das *-i-*:
cominciare ➤ *comincerei;* mangiare ➤ *mangerei*

Einige Verben verlieren den Vokal vor dem *-re* der Infinitivendung:

E 2

avere	➤	avrei, avresti, avrebbe, avremmo, avreste, avrebbero
andare	➤	andrei, andresti, andrebbe, andremmo, andreste, andrebbero
cadere	➤	cadrei, cadresti, cadrebbe, cadremmo, cadreste, cadrebbero
dovere	➤	dovrei, dovresti, dovrebbe, dovremmo, dovreste, dovrebbero
potere	➤	potrei, potresti, potrebbe, potremmo, potreste, potrebbero
sapere	➤	saprei, sapresti, saprebbe, sapremmo, sapreste, saprebbero
vedere	➤	vedrei, vedresti, vedrebbe, vedremmo, vedreste, vedrebbero
vivere	➤	vivrei, vivresti, vivrebbe, vivremmo, vivreste, vivrebbero

Andere unregelmäßige Verben:

rimanere	➤	rimarrei, rimarresti, rimarrebbe, rimarremmo, rimarreste, rimarrebbero
tenere	➤	terrei, terresti, terrebbe, terremmo, terreste, terrebbero
venire	➤	verrei, verresti, verrebbe, verremmo, verreste, verrebbero
volere	➤	vorrei, vorresti, vorrebbe, vorremmo, vorreste, vorrebbero

13.14.1 Der Gebrauch des *condizionale presente*

Der *condizionale presente* wird gebraucht:

*Pensi che **verrebbe** con noi?*	um eine Möglichkeit oder Vermutung auszudrücken,
Vorrei fare un corso di spagnolo.	um einen Wunsch auszudrücken,
*Mi **darebbe** una mano?*	um eine Bitte höflich auszudrücken,
***Dovrebbe** smettere di fumare.*	um einen Rat zu geben,
***Potremmo** andare al cinema!*	um einen Vorschlag zu machen.

13.15 Der *condizionale passato* (Konditional II)

E 3

(io)	avrei mangiato	sarei andato/-a
(tu)	avresti mangiato	saresti andato/-a
(lui/lei/Lei)	avrebbe mangiato	sarebbe andato/-a
(noi)	avremmo mangiato	saremmo andati/-e
(voi)	avreste mangiato	sareste andati/-e
(loro)	avrebbero mangiato	sarebbero andati/-e

Der *condizionale passato* (oder *composto*) wird mit den Formen des *condizionale presente* von *essere* oder *avere* + dem Partizip Perfekt des Hauptverbs gebildet.

13.15.1 Der Gebrauch des *condizionale passato*

Avrebbero potuto *aprire una clinica privata.* (ma non l'hanno aperta)
Sarebbe stato *meglio costruire una scuola.* (ma non l'hanno costruita)

Der *condizionale passato* wird in einem Hauptsatz gebraucht, um einen in der Vergangenheit unerfüllten Wunsch oder eine Handlung/einen Vorgang auszudrücken, die/der hätte stattfinden sollen oder können, aber nicht realisiert wurde.

L'uomo **sarebbe andato** *in banca e* **avrebbe incontrato** *il complice.*
(= dicono che sia andato… e abbia incontrato…)

Der *condizionale passato* kann auch bei nicht bestätigten Mitteilungen, besonders in der Presse und im Fernsehen, verwendet werden.

Für den Gebrauch des *condizionale passato* in Nebensätzen vgl. 13.24.3 und 13.30.

13.16 Der *imperativo* (Imperativ)

Regelmäßige Verben

	lavorare	prendere	dormire	finire
(tu)	lavora	prendi	dormi	finisci
(Lei)	lavori	prenda	dorma	finisca
(noi)	lavoriamo	prendiamo	dormiamo	finiamo
(voi)	lavorate	prendete	dormite	finite

E 2

Die Formen der 1. und 2. Person Plural sind identisch mit der
1. und 2. Person des Indikativs Präsens.

	-are	-ere	-ire
(tu)	-a	-i	
(Lei)	-i	-a	
(noi)		-iamo	
(voi)	-ate	-ete	-ite

Verben mit unregelmäßigen bzw. verkürzten Formen

	andare	avere	dare	dire	essere
(tu)	va'/vai	abbi	da'/dai	di'	sii
(Lei)	vada	abbia	dia	dica	sia
(noi)	andiamo	abbiamo	diamo	diciamo	siamo
(voi)	andate	abbiate	date	dite	siate

Einige Verben haben in der 2. Person Singular zwei Formen.

	fare	sapere	stare	tenere	venire
(tu)	fa'/fai	sappi	sta'/stai	tieni	vieni
(Lei)	faccia	sappia	stia	tenga	venga
(noi)	facciamo	sappiamo	stiamo	teniamo	veniamo
(voi)	fate	sappiate	state	tenete	venite

13.16.1   Die Stellung der Pronomen beim *imperativo*

Prendilo, se vuoi.   *Alzatevi!*

Andiamoci insieme!   *Comprane due!*

Die unbetonten Objektpronomen bzw. die Pronominaladverbien *ne* und *ci*
werden an den *imperativo* der 2. Person Singular *(tu)* und der 1. und 2. Person
Plural *(noi, voi)* angehängt.

andare	⇀	**va'**	*In ufficio **vacci** a piedi!*
dare	⇀	**da'**	*Il giornale **dallo** a Piero.*
dire	⇀	**di'**	***Dille** la verità!*
fare	⇀	**fa'**	***Fammi** un favore!*
stare	⇀	**sta'**	***Stagli** vicino.*

Die Verben *andare, dare, dire, fare, stare* haben verkürzte Formen; die angehängten Pronomen (ausser *gli*) und die Pronominaladverbien *ne* und *ci* verdoppeln ihren Konsonanten.

Ci vada subito!
Si accomodi!
Ne prenda ancora uno!
Mi scusi, signora!
Bei der Höflichkeitsform des *imperativo* (*Lei*) stehen die Pronomen bzw. *ci* und *ne* vor dem Verb.

13.16.2   Der verneinte *imperativo*

tu	noi
Non mangiare troppo!	*Non andiamo via!*
non + Infinitiv	non + *imperativo*

voi	Lei
Non fumate qui!	*Non guardi troppo la TV!*
non + *imperativo*	non + *imperativo*

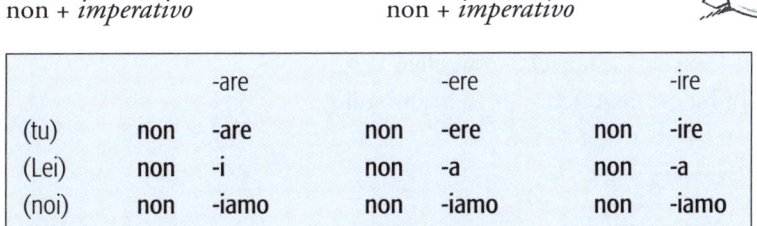

		-are		-ere		-ire
(tu)	non	-are	non	-ere	non	-ire
(Lei)	non	-i	non	-a	non	-a
(noi)	non	-iamo	non	-iamo	non	-iamo
(voi)	non	-ate	non	-ete	non	-ite

13.16.3   Verneinter *imperativo* und Pronomen

tu	noi	voi
Non lo mangiare!	*Non ci pensiamo!*	*Non vi preoccupate!*
Non mangiarlo!	*Non pensiamoci!*	*Non preoccupatevi!*

non + **Pronomen** + Infinitiv/*imperativo*
non + Infinitiv/*imperativo* + **Pronomen**

Lei
Non la beva adesso!
non + **Pronomen** + *imperativo*

13.17 Der *congiuntivo presente*

Regelmäßige Verben

E 2

	lavor**are**	prend**ere**	dorm**ire**	cap**ire**
(io)	lavor**i**	prend**a**	dorm**a**	capisc**a**
(tu)	lavor**i**	prend**a**	dorm**a**	capisc**a**
(lui/lei/Lei)	lavor**i**	prend**a**	dorm**a**	capisc**a**
(noi)	lavor**iamo**	prend**iamo**	dorm**iamo**	cap**iamo**
(voi)	lavor**iate**	prend**iate**	dorm**iate**	cap**iate**
(loro)	lavor**ino**	prend**ano**	dorm**ano**	capisc**ano**

-are	-ere / -ire
-i	-a
-i	-a
-i	-a
-iamo	
-iate	
-ino	-ano

Die Endungen der ersten drei Personen im Singular sind gleich.
Daher wird zum besseren Verständnis häufig das Personalpronomen
hinzugefügt (*io, tu, lui, lei, Lei*).
Die 1. Person Plural ist mit der Präsensform des Indikativs identisch.
Die Verben auf -*care* und -*gare* haben ein -*h*- vor der Konjunktivendung:
cercare ➤ cerc**h**i

Die Verben auf -*iare* haben nur ein -*i*- in allen Personen:
cambiare ➤ cambi, cambiamo, cambiate, cambino

Unregelmäßige Verben

	io, tu, lui/lei/Lei	noi	voi	loro
andare	**vada**	andiamo	andiate	vadano
fare	**faccia**	facciamo	facciate	facciano
uscire	**esca**	usciamo	usciate	escano
venire	**venga**	veniamo	veniate	vengano
volere	**voglia**	vogliamo	vogliate	vogliano

Abgesehen von einigen wenigen Ausnahmen, lassen sich der Singular und die
3. Person Plural vom Stamm der 1. Person Singular im Präsens Indikativ ableiten:
andare ➤ vado ➤ vada/vadano

64

Die folgenden Verben bilden unregelmäßige Formen:

	io, tu, lui/lei/Lei	noi	voi	loro
essere	sia	siamo	siate	siano
avere	abbia	abbiamo	abbiate	abbiano
dare	dia	diamo	diate	diano
dovere	debba	dobbiamo	dobbiate	debbano
sapere	sappia	sappiamo	sappiate	sappiano
stare	stia	stiamo	stiate	stiano

13.17.1 Der Gebrauch des *congiuntivo*

Der *congiuntivo* wird vor allem verwendet, um die subjektive Einstellung des Sprechers zu bestimmten Ereignissen oder Sachverhalten wiederzugeben.

Den *congiuntivo* verwendet man
• nach Verben und Ausdrücken der **persönlichen Meinung**:

Credo che
Penso che   *lui non **sia** italiano.*
Suppongo che
Ho l'impressione che

Achtung! Nach folgenden Ausdrücken wird jedoch der Indikativ und nicht der *congiuntivo* gebraucht:

Secondo me/Per me
Sono sicuro che   *lui **è** straniero.*
Probabilmente
Forse

• nach Verben und Ausdrücken der **Unsicherheit** oder des **Zweifels**:

Mi sembra che
Non sono sicuro che   *lei **parli** anche lo spagnolo.*
Dubito che

E 2

- nach Verben und Ausdrücken des **Wünschens, Wollens** und des **Hoffens:**

Spero
Desidero   *che tu **venga** domani.*
Voglio

- nach Verben und Ausdrücken des **Gefühls** oder der **Gemütslage:**

Sono felice
Sono contento   *che loro **partano**.*
Mi dispiace

- nach den folgenden **unpersönlichen Ausdrücken:**

È necessario
È importante
È meglio   *che tutti **siano** d'accordo.*
Bisogna
Sembra

13.17.2 *Congiuntivo* oder Infinitiv im Nebensatz

Hauptsatz	**Nebensatz**
Io penso	*che domani **Anna vada** al mare.*
Anna pensa	*di **andare** al mare domani.*

Wenn im Haupt- und im Nebensatz zwei verschiedene Subjekte vorkommen, verwendet man im Nebensatz den *congiuntivo*; wenn sich der Hauptsatz und der Nebensatz auf dasselbe Subjekt beziehen, gebraucht man im Nebensatz den Infinitiv.

13.18 Der *congiuntivo imperfetto*

E 3

	abitare	credere	dormire
(io)	abitassi	credessi	dormissi
(tu)	abitassi	credessi	dormissi
(lui/lei/Lei)	abitasse	credesse	dormisse
(noi)	abitassimo	credessimo	dormissimo
(voi)	abitaste	credeste	dormiste
(loro)	abitassero	credessero	dormissero

Unregelmäßige Verben

bere: bevessi, bevessi, bevesse, bevessimo, beveste, bevessero
dare: dessi, dessi, desse, dessimo, deste, dessero
dire: dicessi, dicessi, dicesse, dicessimo, diceste, dicessero
essere: fossi, fossi, fosse, fossimo, foste, fossero
fare: facessi, facessi, facesse, facessimo, faceste, facessero
porre: ponessi, ponessi, ponesse, ponessimo, poneste, ponessero
stare: stessi, stessi, stesse, stessimo, steste, stessero
tradurre: traducessi, traducessi, traducesse, traducessimo, traduceste, traducessero

13.19   Der *congiuntivo passato*

(io)	abbia mangiato	sia andato/-a
(tu)	abbia mangiato	sia andato/-a
(lui/lei/Lei)	abbia mangiato	sia andato/-a
(noi)	abbiamo mangiato	siamo andati/-e
(voi)	abbiate mangiato	siate andati/-e
(loro)	abbiano mangiato	siano andati/-e

E 3

Der *congiuntivo passato* wird mit dem *congiuntivo presente* von *essere* oder *avere* + dem Partizip Perfekt des Verbs gebildet.

13.20   Der *congiuntivo trapassato*

(io)	avessi mangiato	fossi andato/-a
(tu)	avessi mangiato	fossi andato/-a
(lui/lei/Lei)	avesse mangiato	fosse andato/-a
(noi)	avessimo mangiato	fossimo andati/-e
(voi)	aveste mangiato	foste andati/-e
(loro)	avessero mangiato	fossero andati/-e

Der *congiuntivo trapassato* wird mit dem *congiuntivo imperfetto* von *essere* oder *avere* + dem Partizip Perfekt des Verbs gebildet.

13.21 Die Zeitenfolge im *congiuntivo*

Penso che lui esca.

E 3
Penso che lui sia già uscito.

Pensavo che lui uscisse.

Pensavo che lui fosse già uscito.

Die Wahl der Zeit im *congiuntivo* hängt von der Zeit im Hauptsatz
und vom Zeitverhältnis zwischen Haupt- und Nebensatz ab.

Hauptsatz	Nebensatz			
Penso (adesso)	che lui **esca.**	(adesso)	→	cong. presente
	che lui **sia uscito.**	(prima)	→	cong. passato
Pensavo (ieri)	che lui **uscisse.**	(quel giorno)	→	cong. imperfetto
	che lui **fosse uscito.**	(il giorno prima)	→	cong. trapassato

*Come **vorrei** che tu **fossi** qui!*

*Vorrei che lei **fosse** già **partita.***

*Avrei voluto che tu **venissi.***

Avrei preferito che tu me l'avessi chiesto.

Steht im Hauptsatz ein Verb oder ein Ausdruck im *condizionale presente* oder
passato, so steht im Nebensatz ein *congiuntivo imperfetto* oder *trapassato.*

Hauptsatz	Nebensatz			
Vorrei (adesso)	che tu **fossi** qui.	(adesso)	→	cong. imperfetto
	che lei **fosse partita.**	(prima)	→	cong. trapassato
Avrei voluto (ieri)	che tu **venissi.**	(quel giorno)	→	cong. imperfetto
	che tu me l'**avessi chiesto.**	(il giorno prima)	→	cong. trapassato

13.22 Weitere Verwendungen des *congiuntivo* in Nebensätzen

13.22.1 Der *congiuntivo* nach bestimmten Konjunktionen

Sebbene/nonostante/malgrado/benché (obwohl)
Sebbene/nonostante/malgrado/benché fosse tardi, siamo riusciti a trovare un ristorante aperto.

a condizione che/a patto che/purché (unter der Bedingung, dass)
*Vi presto i soldi, **a condizione che/a patto che/purché** voi me li **rendiate** domani.*

affinché/perché (damit)
*Gli ho regalato dei soldi **affinché/perché** si **comprasse** un computer nuovo.*

nel caso che/nel caso in cui (im Falle, dass)
*Ti lascio le chiavi **nel caso che** tu **sia** a casa prima di me.*

come se (mit *congiuntivo imperfetto*) (als ob)
*Mi parli **come se** io **fossi** sordo!*

prima che (bevor)
***Prima che** tu **parta** vorrei salutarti.*

senza che (ohne dass)
*È partito **senza che** nessuno lo **vedesse**.*

a meno che (es sei denn)
*Potresti andarci in macchina, **a meno che** tu non **preferisca** prendere il treno.*

13.22.2 Indefinita und der *congiuntivo*

Mit den Indefinita *chiunque, (d)ovunque, comunque, qualunque/qualsiasi* verwendet man den *congiuntivo*. Der Gebrauch der Zeit hängt dabei vom Kontext ab.

***Chiunque** la **conoscesse** la trovava simpatica.*
*Sono sicuro che ti troverò, **(d)ovunque** tu **sia**.*
***Comunque sia**, non ho voglia di discuterne ancora.*
*In **qualunque** situazione si **trovasse** non aveva difficoltà.*

13.22.3 Der *congiuntivo* nach bestimmten Ausdrücken

il fatto che, non è che

*Le dispiaceva **il fatto che** i suoi amici non **andassero** d'accordo.*

***Non è che** Bruno **sia** cattivo, semplicemente non ci pensa.*

Feststehender Ausdruck mit *che* (Einschränkung)
*Che io **sappia**, Gino non è ancora arrivato.* (Soweit ich weiß...)

13.22.4 Der *congiuntivo* in Relativsätzen

• wenn der vorausgehende Hauptsatz einen **relativen Superlativ** enthält:
*È **una delle più belle** storie d'amore che io **abbia** mai **letto**.*
*Venezia è **la città più interessante** che io **abbia** mai **visto**.*

• wenn der vorausgehende Hauptsatz das Adjektiv *unico/solo* enthält:
*Marina è **l'unica/la sola** donna di cui io **sia riuscito** a diventare amico.*

• wenn der Satz eine **Bedingung**, einen **Zweck** oder einen **Wunsch** ausdrückt:
*Comprate prodotti di cui **siano indicati** esplicitamente gli ingredienti!*
*Luca cercava qualcuno che gli **indicasse** la strada.*
*Desidero incontrare una persona che **sia** sincera e onesta.*

13.23 Der Gebrauch des *congiuntivo* in Hauptsätzen

Der *congiuntivo* steht auch

• in Hauptsätzen, die einen unerfüllten oder nicht erfüllbaren Wunsch ausdrücken (mit dem *congiuntivo imperfetto* oder *trapassato*):

***Magari** domani **fosse** bel tempo!*	(in der Zukunft)
***Magari fossero** già qui!*	(in der Gegenwart)
*Ah, non gli **avessi detto** niente!*	(in der Vergangenheit)

• bei Fragen, die Zweifel ausdrücken:

*Chissà perché ancora non arrivano... **Che abbiano perso** l'autobus?*
*Non ho più saputo niente di Antonio: che **sia** già **partito**?*

13.24 Der *periodo ipotetico* (Bedingungssatz)

13.24.1 Der reale Bedingungssatz

Man spricht von einem realen Bedingungssatz, wenn die Bedingung
für möglich oder wahrscheinlich gehalten wird.

𝒪
E 2

Bedingung	Folge
*Se **arrivo** tardi,*	*ti **chiamo**.*
*Se non **verrai** alla festa,*	*allora non **verrà** neanche Franco.*

Allgemein wird sowohl die Bedingung (durch *se* eingeleitet) als auch
die Folge im Präsens Indikativ oder im Futur ausgedrückt.

*Se **aprirò** uno studio,*   *allora **prenderò** te come socio.*
Handelt es sich um ein Versprechen, so verwendet man bei
der Folge die Zukunft.

Se vedi Claudia,	***dille** di portarmi un libro.*
Se vuole parlare direttamente con il direttore,	*Le **consiglierei** di chiamarlo stasera a casa.*

Die Folge kann aber auch mit dem Imperativ oder Konditional
ausgedrückt werden.

13.24.2 Der potentielle Bedingungssatz

In den potentiellen Bedingungssätzen ist die Bedingung möglich, wenig wahrscheinlich oder es bestehen Zweifel, sie realisieren zu können. Die Realisierung
bezieht sich auf die Gegenwart oder auf die Zukunft.

𝒪
E 3

Bedingung	Folge
(**congiuntivo imperfetto**)	(**condizionale presente**)
*Se **avessi** tanti soldi,*	***comprerei** una casa in campagna.*
*Se **avessi** più tempo,*	***leggerei** di più.*

E 3

13.24.3 Der irreale Bedingungssatz

Mit dem irrealen Bedingungssatz wird eine Situation zum Ausdruck gebracht, in welcher die Bedingungen irreal oder unmöglich sind.

Bedingung	Folge
(congiuntivo trapassato)	(condizionale passato)
Se **avessi avuto** *tanti soldi,*	**avrei comprato** *una casa in campagna.*
Se tu **fossi venuto** *prima,*	*ci* **saremmo incontrati.**
(congiuntivo trapassato)	(condizionale presente)
Se tu **avessi mangiato** *di meno,*	*non* **staresti** *così male.*
(congiuntivo imperfetto)	(condizionale passato)
Se Dino **fosse** *interessato al progetto,*	*te l'***avrebbe detto.**

In der Umgangssprache werden *congiuntivo trapassato* und *condizionale passato* oft durch das *imperfetto indicativo* ersetzt:

Se si **fosse alzata** *prima, non* **avrebbe perso** *il treno.*
Se si **alzava** *prima, non* **perdeva** *il treno.*

E 2

13.25 Das *gerundio* (Gerundium)

13.25.1 Das *gerundio presente*

Die Formen des *gerundio presente* werden durch Anhängen der Endsilbe *-ando* (für die Verben auf *-are*) und *-endo* (für die Verben auf *-ere* und *-ire*) gebildet.

mangiare	➤ mangi**ando**	-are	➤ **-ando**
leggere	➤ legg**endo**	-ere	➤ **-endo**
finire	➤ fin**endo**	-ire	➤ **-endo**

Unregelmäßige Verben:
bere ➤ **bevendo**; condurre ➤ **conducendo**; dire ➤ **dicendo**; fare ➤ **facendo**
porre ➤ **ponendo**; tradurre ➤ **traducendo**; trarre ➤ **traendo**

Stare + Gerundium

*Teresa **sta dormendo**.*
*I bambini **stanno facendo** i compiti.*
*Anita **sta leggendo** il giornale.*

Mit *stare* + Gerundium wird das momentane Geschehen einer Handlung ausgedrückt. Dabei wird
nur das Verb *stare* konjugiert, das Gerundium bleibt unverändert.

Das *gerundio presente* in Nebensätzen

Das *gerundio presente* kann verschiedene Funktionen haben:

E 3

Satz mit dem *gerundio*	entspricht	Funktion
Conoscendo le tue idee non ho detto niente.	**Siccome conosco** le tue idee, non ho detto niente.	kausal: **perché?**
L'ho incontrato **tornando** a casa.	L'ho incontrato **mentre tornavo** a casa.	temporal: **quando?**
Arrivarono **correndo**.	Arrivarono **di corsa**.	modal: **in che modo?**
Leggendo s'impara molto.	**Con la lettura** s'impara molto.	instrumental: **con quale mezzo?**
Cambiando lavoro, avresti più soddisfazioni.	**Se tu cambiassi** lavoro, avresti più soddisfazioni	konditional: **in che caso?**
Abbassò gli occhi **sorridendo**.	Abbassò gli occhi **e contemporaneamente sorrise**.	koordinativ: **facendo che cosa contemporaneamente?**

In den oben angeführten Beispielen ist das Subjekt im Hauptsatz mit dem
im Nebensatz identisch. In unpersönlichen Sätzen müssen die beiden Subjekte
allerdings nicht übereinstimmen.

***Essendo** tardi*   *Franco trovò la porta chiusa.*
   ↓   ↓
(unpersönliches Verb)   (Subjekt)

13.25.2 Das *gerundio passato*

E 3

Das *gerundio passato* (oder *composto*) wird mit dem *gerundio presente* von *essere* oder *avere* und dem Partizip Perfekt des Verbs gebildet.

parlare	leggere	partire
avendo parlato	avendo letto	essendo partito/-a/-i/-e

Non avendo trovato stanze libere, i Rossi hanno deciso di rimandare le vacanze.
Das *gerundio passato* bringt eine Handlung zum Ausdruck, die sich bereits ereignet hat. Es drückt eine kausale Funktion aus:
Siccome non hanno trovato stanze libere, i Rossi hanno deciso di rimandare le vacanze.

Non essendo andate al corso, Laura e Pia la volta dopo hanno avuto grossi problemi.
Die Formen, die mit *essere* gebildet werden, gleichen sich dem Subjekt an.

Avendolo incontrato in centro, non gli ho dovuto telefonare.
Avendogli parlato tanto di te, era come se ti conoscesse già.
Die unbetonten Pronomen werden direkt an das Hilfsverb angehängt und bilden mit diesem ein einziges Wort.

13.26   Der *infinito* (Infinitiv)

Im Italienischen gibt es zwei Formen des Infinitivs: den *infinito presente* (Infinitiv Präsens) und den *infinito passato* (Infinitiv Perfekt).

13.26.1 Der *infinito presente*

Der *infinito presente* ist die Verbform, die man im Wörterbuch findet.
Sie endet auf *-are, -ere* und *-ire*:
mangiare   leggere   finire

Daneben gibt es auch einige Verben mit einem Infinitiv auf *-rre*:
condurre, dedurre, introdurre, produrre, ridurre, tradurre, trarre usw.
Es handelt sich hierbei um synkopische Formen der 2. Konjugation auf *-ere*
(z.B.: *condurre* kommt von *condùcere; produrre* von *prodùcere* usw.). Die Basisformen stammen aus dem Altitalienischen und werden heute nicht mehr verwendet.

13.26.2 Der *infinito passato*

Der *infinito passato* (oder *composto*) wird mit dem *infinito presente* von *essere* oder *avere* + dem Partizip Perfekt des Verbs gebildet. Das *-e* der Endung kann weggelassen werden.

aver(e) visto   esser(e) andato/-a/-i/-e

13.26.3 Der Gebrauch des *infinito*

Nach einigen Verben und unpersönlichen Ausdrücken wird der *infinito* ohne Präposition angeschlossen.

E 1

È possibile pagare subito?	essere + Adjektiv/Adverb
Posso uscire?	potere
Devo venire alle otto?	dovere
Vorrei andare al cinema.	volere
Preferisco venire più tardi.	preferire
Ti piace viaggiare?	piacere
Desidero stare tranquillo.	desiderare

Der *infinito* wird auch häufig mit einer Präposition an bestimmte Verben/Ausdrücke angeschlossen.

Quando vai a sciare?	andare **a**
Quando cominci a lavorare?	cominciare **a**
Proviamo a studiare il russo?	provare **a**
Devi fare attenzione a non lavorare troppo.	fare attenzione **a**
Cerco di lavorare seriamente.	cercare **di**
A che ora finisci di lavorare?	finire **di**
Hai intenzione di venire?	avere intenzione **di**
La prego di rispondere.	pregare **di**

Stare per + infinito

*Gianni **stava per fumare** una sigaretta, ma poi ha letto il cartello.*
***Stavamo per uscire**, ma poi Luca si è sentito male.*
Die Form *stare per + infinito* wird verwendet, um auszu-drücken, dass eine Handlung unmittelbar bevorsteht bzw. bevorstand.

E 2

prima di / dopo + *infinito*

Prima di trasferirmi a Roma avevo seguito un corso d'italiano.
Dopo aver letto il giornale il signor Rossi ha cambiato idea.
Dopo esser(e) uscita si è accorta di aver dimenticato l'ombrello.

Beim *infinito passato* fällt häufig das *-e* des Hilfsverbs weg (vor allem bei *avere*).

prima di + *infinito presente*
dopo + *infinito passato*

In den Sätzen mit *prima di* und *dopo* ist das Subjekt identisch:

Prima di mangiare   mi lavo le mani.

          io   *io*

prima di – prima che / dopo – dopo che

*Ti telefono **prima di partire**.*   *Ti telefono **prima che tu parta**.*
*Ti chiamo **dopo aver fatto** la spesa.*   *Ti chiamo **dopo che hai fatto** la spesa.*

     io   *io*   *io*   *tu*

Sind die Subjekte im Haupt- und im Nebensatz unterschiedlich, werden
anstelle von *prima di / dopo* folgende Formen verwendet: *prima che* + *congiuntivo*
bzw. *dopo che* + *indicativo*.

fare + *infinito*

*Mi **fai vedere** cosa hai fatto?*
*Hai già **fatto riparare** il computer?*

Die Konstruktion *fare* + *infinito* hat mehrere Bedeutungen:

*È un film che **fa piangere**.*	= zu Tränen rührt
*Tutto questo rumore non mi **fa dormire**.*	= erlaubt es mir nicht, zu schlafen/lässt mich nicht schlafen
Fammi vedere un attimo.	= lass mich anschauen
*Ho **fatto riparare** la macchina.*	= ich habe jemandem den Auftrag erteilt, das Auto zu reparieren

13.27 Das *participio presente* (Partizip Präsens)

Neben dem *participio passato* (vgl. Paragraf 13.8 ff.) gibt es im Italienischen auch das *participio presente*.

amare	sorridere	divertire/dormire
amante	sorridente	divertente/dormiente
-ante	-ente	-ente/-iente

Einige Verben auf *-ire* bilden die Form auf *-iente*.
Beispiele: *ubbidiente, conveniente.*

*Giacomo Casanova ebbe molte **amanti**.*	(= donne)
*Preferisco i film **divertenti**.*	(= non noiosi)
*È una questione **riguardante** la speculazione edilizia.*	(= che riguarda)

Das *participio presente* kann als Substantiv, Adjektiv oder Verb (Relativsatz) verwendet werden.
Das *participio presente* stimmt in Geschlecht und Zahl mit dem Substantiv überein, auf welches es sich bezieht.

13.28 Das Passiv

Aktiv:	*Carlo ritrova il libro.*
Passiv:	*Il libro **è ritrovato** da Carlo.*
	*Il libro **viene ritrovato** da Carlo.*

Transitive Verben, d.h. Verben mit einem direkten Objekt, können ein Passiv bilden.
Das Passiv wird mit dem Hilfsverb *essere* + Partizip Perfekt des Hauptverbs gebildet. In den einfachen Zeiten kann *essere* durch *venire* ersetzt werden.
Bei den zusammengesetzten Zeiten kann nur *essere* verwendet werden.

presente indicativo	sono invitato	vengo invitato
imperfetto indicativo	ero invitato	venivo invitato
passato remoto	fui invitato	venni invitato
futuro semplice	sarò invitato	verrò invitato
futuro anteriore	sarò stato invitato	----
passato prossimo	sono stato invitato	----
trapassato prossimo	ero stato invitato	----
congiuntivo presente	sia invitato	venga invitato
congiuntivo passato	sia stato invitato	----
condizionale presente	sarei invitato	verrei invitato
condizionale passato	sarei stato invitato	----

*Solo un 15% dei volumi **viene trovato** da una persona.*
*La biblioteca **è illuminata** da cinque grandi finestre.*
Venire wird eher für einen Vorgang gebraucht, *essere* dagegen für einen Zustand.

*Il **libro** sarà pubblicato la prossima settimana.*
*I **suoi romanzi** vengono letti da milioni di persone.*
Das Partizip Perfekt richtet sich in Geschlecht und Zahl nach dem Substantiv,
auf das es sich bezieht.

Der Urheber der Handlung (egal, ob es sich um eine Person oder einen
Gegenstand handelt) wird beim Passiv mit der Präposition *da* eingeführt:

Aktiv: *Oggi **milioni di persone** usano la posta elettronica.*
Passiv: *Oggi la posta elettronica è usata **da milioni di persone**.*
Aktiv: *Un **sito Internet** ha organizzato l'esperimento.*
Passiv: *L'esperimento è stato organizzato **da un sito Internet**.*

13.28.1 Die Passivkonstruktion mit dem Verb *andare*

*Il lavoro **va fatto** entro domani sera.*

Das Passiv kann auch mit dem Verb *andare* + Partizip Perfekt gebildet werden.
Diese Form drückt eine Notwendigkeit aus, und es gibt sie nur in den einfachen
Zeiten, z. B. im *presente, imperfetto, futuro semplice, condizionale semplice* usw.
(nicht aber im *passato remoto*).

*L'errore **andava corretto** subito.*   (= doveva essere corretto subito)
*Le auto **vanno lasciate** nei parcheggi.*   (= devono essere lasciate)
*Il problema **andrà discusso** in plenum.*   (= dovrà essere discusso)

Andare in Verbindung mit einigen Verben wie *smarrire, perdere, distruggere, sprecare* hat ausschließlich eine passive Bedeutung:

*La lettera **è andata persa**.*   (= la lettera è stata persa)
*La casa **andò distrutta**.*   (= la casa fu distrutta)

13.29 Besondere Verben

13.29.1 Unpersönliche Verben

bisogna

***Bisogna** comprare il biglietto prima di salire sull'autobus.*
Mit *bisogna* + Infinitiv wird eine Notwendigkeit ausgedrückt.
Bisogna bleibt dabei stets unverändert.

E 2

volerci

*Per andare in America **ci vuole** il passaporto.*
*Da Zurigo a Lugano **ci vogliono** circa tre ore.*
Das unpersönliche Verb *volerci* verändert sich, je nachdem,
ob das Objekt im Singular oder im Plural steht.

servire

*Non ti **serve** aspettare.*
*Mi **serve** un cappotto nuovo.*
*Mi **servono** tre uova.*
Folgt auf *servire* ein Verb, so steht dieses im Infinitiv. Folgt auf *servire* ein Substantiv, so richtet sich die Verbform nach dem Substantiv (Singular oder Plural).

mi tocca

*Purtroppo oggi **mi tocca** studiare fino a tardi.*
Mi tocca, ti tocca usw. bedeutet »müssen«, »gezwungen sein« und
wird mit Infinitiv ohne Präposition verwendet.

E 3

bastare

E 3

*Questo esame non è difficile, **basta** studiare un po'.*
*Per andare a Lugano **bastano** poche ore di treno.*
*A Rita il denaro non **basta** mai.*

Bastare bedeutet »genügen« und wird in der 3. Person Singular oder Plural verwendet. Bei *bastare* kann ein Substantiv (Singular oder Plural) oder ein Verb stehen.

*Per risolvere il problema **basta avere** un po' di pazienza.*
*Per risolvere il problema **basta che** tu **abbia** un po' di pazienza.*

In Verbindung mit einem Verb gibt es zwei Konstruktionen: *basta* + Infinitiv und *basta che* + Konjunktiv.

13.29.2 Verben mit Pronomen

farcela

E 2

***Ce la fai** ad aprire questa finestra?*
*Ugo ha perso il treno, così non **ce l'ha fatta** a prendere l'aereo.*

Farcela bedeutet »es schaffen, etwas erreichen«. Nach *farcela* werden Sätze mit *a* + Infinitiv angeschlossen.

farcela		
	Präsens	passato prossimo
(io)	ce la faccio	ce l'ho fatta
(tu)	ce la fai	ce l'hai fatta
(lui/lei/Lei)	ce la fa	ce l'ha fatta
(noi)	ce la facciamo	ce l'abbiamo fatta
(voi)	ce la fate	ce l'avete fatta
(loro)	ce la fanno	ce l'hanno fatta

andarsene

*No, non voglio discutere ancora, **me ne vado**.*
Andarsene hat die Bedeutung von »andare via«.

andarsene	Präsens	passato prossimo
(io)	me ne vado	me ne sono andato/-a
(tu)	te ne vai	te ne sei andato/-a
(lui/lei/Lei)	se ne va	se ne è andato/-a
(noi)	ce ne andiamo	ce ne siamo andati/-e
(voi)	ve ne andate	ve ne siete andati/-e
(loro)	se ne vanno	se ne sono andati/-e

metterci

Quanto tempo ci metti a finire di vestirti?
Ci hai messo molto a imparare l'italiano?
Il treno ci ha messo tre ore.

E 3

Metterci bedeutet »eine bestimmte Zeit benötigen«.
Verwechseln Sie *metterci a* nicht mit *mettersi a:*

Ci ha messo molto a imparare i nuovi vocaboli.   (= Ha impiegato…)
Si è messo subito a imparare i nuovi vocaboli.   (= Ha cominciato…)

13.29.3 Das Verb *dovere* als Ausdruck der Vermutung

*La grammatica **dovrebbe** essere lì.* (Forse è lì, credo che sia lì.)
Marcello? ***Dovrebbe*** *essere andato a casa.* (Secondo me è andato a casa.)
Deve *aver preso il treno delle 8.00.* (Penso che abbia preso il treno delle 8.00.)
*La bambina **doveva** avere all'incirca 10 anni.* (Forse aveva 10 anni.)

Das Verb *dovere* wird in den einfachen Zeiten auch gebraucht, um eine
Vermutung auszudrücken.

13.30 Der *discorso indiretto* (indirekte Rede)

Francesco ha detto che Marco è uscito.

Die indirekte Rede wird von Verben wie *dire, affermare, rispondere, raccontare*
usw. eingeleitet und durch die Konjunktionen *che* oder *di* eingeführt.
Steht das Verb des Hauptsatzes im **Präsens** oder im *passato prossimo* (wenn es
sich auf die unmittelbare Vergangenheit bezieht), so bleibt die Zeitform in der
indirekten Rede unverändert:

E 3

*Marco **dice/ha detto**:*	*Marco **dice/ha detto**...*
«*Simona non **si sente** bene.*»	**che** *Simona non **si sente** bene.*
«*Mio fratello **è uscito**.*»	**che** *suo fratello **è uscito**.*
«*Stasera mia madre **farà** tardi.*»	**che** *sua madre stasera **farà** tardi.*

Steht in der direkten Rede das Verb im Imperativ, so verwendet man in der indirekten Rede die Konstruktion *di* + Infinitiv.

*Marco gli **dice/ha detto**:*	*Marco gli **dice/ha detto**...*
«*Prenda un caffè.*»	**di** *prendere un caffè.*

Steht das Verb des Hauptsatzes in einer **Zeit der Vergangenheit**, so ergeben sich in der indirekten Rede folgende Veränderungen:

*Marco **ha detto/disse**:*	*Marco **ha detto/disse**...*
«*Io qui **mi trovo** bene.*»	**che** *lì **si trovava** bene.*
presente	→ imperfetto
«*Sandro **è uscito**.*»	**che** *Sandro **era uscito**.*
passato prossimo	→ trapassato prossimo
«*Giovanni **dovrà cambiare** sede.*»	**che** *Giovanni **avrebbe dovuto cambiare** sede.*
futuro semplice	→ condizionale passato
«***Verrei** volentieri.*»	**che sarebbe venuto** *volentieri.*
condizionale presente	→ condizionale passato
«***Trovati** subito un'altra casa!*»	**di trovarmi** *subito un'altra casa.*
	che mi trovassi *subito un'altra casa.*
imperativo	→ *di* + infinito
imperativo	→ *che* + congiuntivo imperfetto

Bei Verben im *imperfetto* und *trapassato prossimo indicativo, condizionale passato, gerundio, infinito* und *participio* gibt es keine Veränderungen bezüglich Zeit und Modus beim Übergang von der direkten in die indirekte Rede:

*Marco **ha detto/disse:***	*Marco **ha detto/disse...***
*«Qui **mi trovavo** bene.»*	***che** **lì si trovava** bene.*
*«Sandro **era uscito.**»*	***che** Sandro **era uscito.***
*«**Avrei dovuto** cambiare sede.»*	***che avrebbe dovuto** cambiare sede.*

Beim Bedingungssatz gibt es in der indirekten Rede eine einzige Form:

*Marco mi **ha detto/disse:***	*Marco mi **ha detto/disse...***
«Se tu mangi troppo, ingrassi.»	
«Se tu mangiassi troppo, ingrasseresti.»	***che,** se **avessi mangiato** troppo, **sarei ingrassata.***
«Se tu avessi mangiato troppo, saresti ingrassata.»	
periodo ipotetico ➛	congiuntivo trapassato + condizionale passato

«Chi fa da sé fa per tre.»	*Mi **ha detto che** chi **fa** da sé **fa** per tre.*
«A Roma non si trova più parcheggio.»	*Mi **disse che** a Roma non **si trova** più parcheggio.*
«Studiando s'impara.»	*Mi **ha detto che** studiando **s'impara.***

Bei Sätzen mit allgemeiner Aussage oder deren Aktualität sich im Laufe der Zeit nicht wandelt, bleibt in der indirekten Rede die Zeit im Nebensatz unverändert.

Weitere Veränderungen beim Übergang von der direkten zur indirekten Rede:

	discorso diretto ➛	discorso indiretto
bei Personalpronomen:	io	lui/lei
bei Possessiva:	mio	suo
bei Adverbien:	qui/qua	lì/là
	ieri	il giorno prima/il giorno precedente
	oggi	quel giorno
	domani	il giorno dopo/il giorno seguente/l'indomani
bei anderen zeitbezüglichen Ausdrücken:	prossimo	seguente/successivo
	fra 2 giorni	dopo 2 giorni
bei Demonstrativa:	questo	quello

13.31 Die indirekte Frage

E 3

Mi ha chiesto se l'aspettavo.

Die indirekte Frage wird von Verben wie *chiedere, domandare, voler sapere, non sapere* usw. eingeleitet und durch die Konjunktion *se* eingeführt. Sie drückt eine Frage oder einen Zweifel aus.

direkte Frage:
«*Ti trovi bene qui?*»

indirekte Frage:
Mi chiede se mi trovo bene qui.
Mi ha chiesto se mi trovavo bene qui.
Mi ha chiesto se mi trovassi bene qui.

Die Zeitveränderungen, die sich bei der indirekten Rede ergeben (vgl. Paragraf 13.30), gelten auch für die indirekte Frage.

«*Chi è venuto?*»
«*Quando siete arrivati?*»

Mi ha chiesto chi è venuto.
Mi chiese quando eravamo arrivati.

Die indirekte Frage kann auch durch Pronomen und interrogative Adverbien (*chi, che cosa, dove, quando, perché* usw.) eingeführt werden.

Mi domandavo

che cosa aveva detto.
che cosa avesse detto.

In der indirekten Frage kann das Verb im Indikativ oder im Konjunktiv stehen; der Modus ist abhängig vom Stil und von Nuancen in der Bedeutung (der Konjunktiv drückt eher Zweifel aus).

Non so dove andare.
Mi chiedo se credere a lui o no.
Non sapevano più cosa pensare.

Die indirekte Frage kann auch mit dem Infinitiv gebildet werden, wenn die Subjekte von Haupt- und Nebensatz identisch sind.

13.32 Die Zeitenfolge im Indikativ

Analog zur Zeitenfolge im Konjunktiv (vgl. Paragraf 13.21) gibt es auch beim Indikativ genaue Regeln für die Zeitenwahl.

Hauptsatz		Nebensatz			
(adesso) **So/** **Ho saputo**	che	è tornato. torna. tornerà.	(ieri) (oggi) (domani)	→ → →	passato prossimo presente futuro semplice
(ieri) **Ho saputo/** **Sapevo/** **Avevo saputo/** **Seppi**	che	era tornato. tornava. sarebbe tornato.	(il giorno prima) (quel giorno) (il giorno dopo)	→ → →	trapassato prossimo imperfetto condizionale passato

14 Die Verneinung

Sei di Berna? – No, di Zurigo.
Vuoi un caffè? – Perché no?
La stanza non è libera.
Mi dispiace, oggi non ho tempo.

Die Verneinung wird im Italienischen durch *no* oder *non* ausgedrückt.
No (nein, nicht) verwendet man in der Regel in den Antworten und am Satzende. *Non* (nicht) verwendet man, um einen negativen Satz einzuleiten; es steht normalerweise vor dem Verb.

E 1

Non lo so.
Non ti alzi sempre presto?

Enthält der Satz auch ein Objekt- oder ein Reflexivpronomen, steht *non* vor dem Pronomen.

14.1 Die doppelte Verneinung

*Non ho fatto **niente** di particolare.*	**non … niente**
*Non ho **nessuna** voglia di uscire.*	**non … nessuno**
*Adesso **non** piove **più**.*	**non … più**
*Non vai **mai** a ballare?*	**non … mai**
*Guarda che **non** sono **mica** stanco!*	**non … mica**

E 1
E 3

Bei *niente*, *nessuno*, *più*, *mai* und *mica* im Satz muss man die doppelte Verneinung bilden und *non* vor das Verb setzen.

Niente è cambiato dall'ultima volta che sono stato qui.

E 1 *Dai, non te la prendere, **mica** dice sul serio!*

E 3 ***Nessuno** lo ha visto partire.*

***Mai** uscire senza ombrello con questo tempo!*

Wenn *niente, mica, nessuno* und *mai* am Satzanfang stehen,
wird keine doppelte Verneinung verwendet.

15   Die Präpositionen

 Präpositionen verbinden verschiedene Elemente eines Satzes.

E 1 Die Präpositionen *di, a, da, in, su* verschmelzen mit dem
bestimmten Artikel *(= preposizioni articolate)*.

+	il	lo	l'	la	i	gli	le
di	del	dello	dell'	della	dei	degli	delle
a	al	allo	all'	alla	ai	agli	alle
da	dal	dallo	dall'	dalla	dai	dagli	dalle
in	nel	nello	nell'	nella	nei	negli	nelle
su	sul	sullo	sull'	sulla	sui	sugli	sulle

Im Folgenden werden die Präpositionen nach ihrer Funktion dargestellt:

Die Präposition *di*

Angabe der Herkunft (mit dem Verb *essere*)
Sei di qui? – No, sono di Ferrara.

Angabe der Zeit
di mattina / di sera
di giorno / di notte
di domenica

In partitiver Funktion
Vorrei del pesce.

Angabe des Materials
una cravatta di seta

86

Angabe von Mengen
un chilo di zucchero
un litro di latte
un po' di pane
una bottiglia di vino

Angabe des Themas
corso d'italiano

Nähere Bestimmung
il figlio di Franco
gli orari dei negozi

Nach einem Komparativ
Edoardo è più piccolo di Piero.
Il Po è più lungo dell'Adige.

In Verbindung mit einigen Verben/verbalen Ausdrücken
Ho intenzione di andare in Italia in estate.
Finisco di lavorare alle 18.
Che ne dici di quel film?

Die Präposition *a*

Orts- und Richtungsangabe mit
Städtenamen und kleinen Inseln

Sono		Firenze.
Vado	a	Capri.

Andere Ortsangaben

Sono		casa.
Vado	a	scuola.
		teatro.
Sono		bar.
Vado	al	ristorante.
		cinema.

Angaben der Entfernung
a 50 metri dal mare
a 10 chilometri da Roma

Angabe der Zeit
alle due / a mezzanotte
A più tardi! / A domani!
Vieni a Natale / a Pasqua?

Angabe der Art und Weise
tè al limone
andare a piedi

Angabe des indirekten Objekts:
Ho scritto a mia madre.
Ho dato l'acqua alle piante.

In distributiver Bedeutung
due volte al giorno
una volta alla settimana

In Verbindung mit einigen Verben
Vado spesso a ballare.
Adesso comincio a studiare.

Die Präposition *da*

Bei/zu Personen
Com'è il tempo da voi?
Domani vado da una mia amica.

Angabe der Herkunft
Da dove viene? – Da Roma.
il treno da Milano

Angabe des Zwecks
scarpe da ginnastica

Zeitangaben
Lavoro qui da cinque anni.

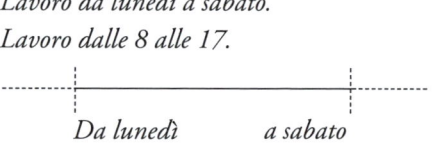

Da lunedì comincio un nuovo lavoro.

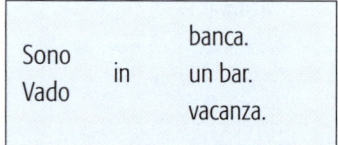

Lavoro da lunedì a sabato.
Lavoro dalle 8 alle 17.

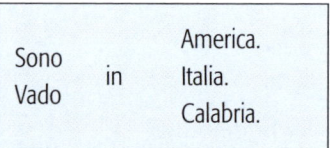

Die Präposition *in*

Orts- und Richtungsangabe

Sono Vado	in	banca. un bar. vacanza.

Angabe der Art und Weise
andare in treno o in macchina
L'autobus è pieno, si deve stare in piedi.

Ortsangaben mit Kontinenten,
Nationen und Regionen

Sono Vado	in	America. Italia. Calabria.

Angabe der Zeit
in gennaio
in inverno

Die Präposition *con*

Angabe der Begleitung
Esci sempre con gli amici?

Angabe der Eigenschaft
Per me un cornetto con la marmellata.
Mi piacciono le scarpe con i tacchi alti.

Angabe des Mittels
pagare con la carta di credito
andare con la macchina

Die Präposition *tra/fra*

Zeitangabe
Il corso d'italiano finisce fra due mesi. (»in«)
Vengo fra le due e le due e mezza.
(»zwischen«)

Ortsangabe
La chiesa è fra il museo e il teatro.

Die Präposition *su*

Orts- und Richtungsangabe
Ho fatto un'escursione sulle Alpi.
Sono salito anche sul cratere.
navigare su Internet

Angabe des Themas
Vorrei una guida/un libro sulla Toscana.

Die Präposition *per*

Angabe der Zeit
Per quanto tempo resta qui?
Posso restare qui solo per un'ora.

Angabe der Richtung mit dem Verb
partire und mit Verkehrsmitteln
L'altro ieri è partito per la Svezia.
il treno per Roma

Angabe des Zwecks
Sono qui per (motivi di) lavoro.
Siamo qui per visitare la città.

In der Bedeutung von *für*
Per me un caffè, per cortesia.

Bei einigen Redewendungen
Può venire per piacere/per cortesia/
per favore?
Per fortuna è arrivata.
Per carità!
per esempio

Weitere Präpositionen

dietro = hinter
Dietro la stazione c'è una chiesa.
dopo = nach
Torno a casa dopo le dodici.
Dopo cena resti a casa?
durante = während
Durante le vacanze non voglio fare niente!

senza = ohne
La coca senza ghiaccio, per cortesia.
sopra = auf / über
Oggi la temperatura è sopra la media.
sotto = unter
Sotto il cappotto indossa un vestito blu.
verso = gegen
Vengo verso mezzanotte / verso le nove / verso l'una.

Präpositionale Ausdrücke

accanto a = neben
La chiesa è accanto alla stazione.
di fronte a = gegenüber
Abitiamo di fronte alla stazione.
davanti a = vor
Davanti alla posta c'è una cabina telefonica.
fino a = bis
Resto fuori fino a tardi / fino alle due.
Lei va fino alla stazione.

in mezzo a = mitten in
In mezzo all'incrocio c'è un semaforo.
insieme a = zusammen mit
Oggi esco insieme a un mio amico.
prima di = vor
Vengo prima delle otto / prima della lezione.
oltre a = außer
Oltre al pane puoi comprare del latte?
vicino a = in der Nähe von
Abito vicino all'ospedale.

16   Die Konjunktionen

Konjunktionen verbinden zwei Satzglieder innerhalb eines Satzes oder
zwei Sätze miteinander.

e	*Io e Marco andiamo al cinema.*
o/oppure	*Vuoi una pizza oppure preferisci un piatto di pasta?*
anche/pure	*Anch'io vado spesso a sciare.*
ma	*Giulio è di Venezia, ma abita a Zurigo.*
però	*Veniamo da te, però possiamo restare solo pochi minuti.*
dunque	*– Scusi, sa che autobus va in centro? – Dunque... il 6 o il 61.*
quando	*Quando il tempo è bello vado sempre al lavoro in bicicletta.*
se	*Se domani il tempo è bello, andiamo al mare.*
	Non so se Luca è già partito.
per+infinito	*Quale strada devo prendere per andare in centro?*

mentre

Mentre studiavo ascoltavo la musica.

L'ho incontrata mentre tornavo a casa.

Mit der Konjunktion *mentre* verwendet man bei Sätzen in der Vergangenheit
in der Regel das *imperfetto*.

quando

mit dem *passato prossimo:*

*Stavo leggendo un libro quando è
entrata Laura.*
drückt eine Handlung aus, die
neu einsetzt, während eine andere
Handlung noch weiterläuft

mit dem *imperfetto:*

*Quando abitavo in città non andavo
quasi mai fuori a giocare.*
drückt eine andauernde Handlung
in der Vergangenheit aus

Quando si è sposato aveva solo 23 anni.
drückt eine punktuelle Handlung in der
Vergangenheit aus

perché – siccome

E 2

Siamo rimasti a casa   **perché** *pioveva.*
Siccome *pioveva*   *siamo rimasti a casa.*

Mit *perché* und *siccome* wird ein Grund angegeben. Die Wahl zwischen *perché* und *siccome* hängt von der Satzstruktur ab. Steht der Hauptsatz an erster Stelle, wird der kausale Nebensatz mit *perché* eingeleitet, steht der kausale Nebensatz an erster Stelle, wird er mit *siccome* eingeleitet.

17   Die Zeitadverbien

già
*Ho **già** fatto la spesa.*

non ancora
***Non** ho **ancora** telefonato al medico.*

Già und *ancora* können zwischen Hilfsverb und Partizip Perfekt oder auch nach dem Partizip Perfekt stehen:

*Ho **già** preso il caffè.*   *Non ho **ancora** fatto la doccia.*
*Ho preso **già** due caffè.*   *Michele non ha telefonato **ancora**.*

all'inizio
***All'inizio** non mi ha riconosciuto.*

alla fine
***Alla fine** siamo andati a bere qualcosa al bar.*

18 Anhang

18.1 Liste der unregelmäßigen Verben

Infinitiv	Präsens	imperfetto	passato prossimo	Imperativ	Konditional I	Futur I	congiuntivo
andare	vado, vai, va, andiamo, andate, vanno	andavo	sono andato	va' / vai, vada	andrei	andrò	vada, andiamo, andiate, vadano
avere	ho, hai, ha, abbiamo, avete, hanno	avevo	ho avuto	abbi, abbia, abbiate	avrei	avrò	abbia, abbiamo, abbiate, abbiano
bere	bevo, bevi, beve, beviamo, bevete, bevono	bevevo	ho bevuto	bevi, beva	berrei	berrò	beva, beviamo, beviate, bevano
dare	do, dai, dà, diamo, date, danno	davo	ho dato	da' / dai, dia	darei	darò	dia, diamo, diate, diano
dire	dico, dici, dice, diciamo, dite, dicono	dicevo	ho detto	di', dica	direi	dirò	dica, diciamo, diciate, dicano

Infinitiv	Präsens	imperfetto	passato prossimo	Imperativ	Konditional I	Futur I	congiuntivo
dovere	devo, devi, deve, dobbiamo, dovete, devono	dovevo	ho dovuto		dovrei	dovrò	debba, dobbiamo, dobbiate, debbano
essere	sono, sei, è, siamo, siete, sono	ero	sono stato	sii, sia, siate	sarei	sarò	sia, siamo, siate, siano
fare	faccio, fai, fa, facciamo, fate, fanno	facevo	ho fatto	fa' / fai, faccia	farei	farò	faccia, facciamo, facciate, facciano
piacere	piace, piacciono	piaceva	è piaciuto		piacerebbe	piacerà	piaccia, piacciano
potere	posso, puoi, può, possiamo, potete, possono	potevo	ho potuto		potrei	potrò	possa, possiamo, possiate, possano
rimanere	rimango, rimani, rimane, rimaniamo, rimanete, rimangono	rimanevo	sono rimasto	rimani, rimanga	rimarrei	rimarrò	rimanga, rimaniamo, rimaniate, rimangano
riuscire	riesco, riesci, riesce, riusciamo, riuscite, riescono	riuscivo	sono riuscito		riuscirei	riuscirò	riesca, riusciamo, riusciate, riescano

Infinito	Presente	Imperfetto	Passato prossimo	Imperativo	Condizionale	Futuro	Congiuntivo presente
sapere	so, sai, sa, sappiamo, sapete, sanno	sapevo	ho saputo	sappi, sappia, sappiate	saprei	saprò	sappia, sappiamo, sappiate, sappiano
scegliere	scelgo, scegli, sceglie, scegliamo, scegliete, scelgono	sceglievo	ho scelto	scegli, scelga	sceglierei	sceglierò	scelga, scegliamo, scegliate, scelgano
sedere	siedo, siedi, siede, sediamo, sedete, siedono	sedevo	sono seduto	siedi; sieda	siederei	siederò	sieda, sediamo, sediate, siedano
stare	sto, stai, sta, stiamo, state, stanno	stavo	sono stato	sta'/stai, stia	starei	starò	stia, stiamo, stiate, stiano
tenere	tengo, tieni, tiene, teniamo, tenete, tengono	tenevo	ho tenuto	tieni, tenga	terrei	terrò	tenga, teniamo, teniate, tengano
uscire	esco, esci, esce, usciamo, uscite, escono	uscivo	sono uscito	esci, esca	uscirei	uscirò	esca, usciamo, usciate, escano
venire	vengo, vieni, viene, veniamo, venite, vengono	venivo	sono venuto	vieni, venga	verrei	verrò	venga, veniamo, veniate, vengano
volere	voglio, vuoi, vuole, vogliamo, volete, vogliono	volevo	ho voluto		vorrei	vorrò	voglia, vogliamo, vogliate, vogliano

18.2 Liste der Grammatikausdrücke

Deutsch		Italienisch
Adjektiv	Eigenschaftswort	aggettivo
Adverb	Umstandswort	avverbio
Akkusativ	4. Fall (Wenfall)	accusativo
Artikel	Geschlechtswort	articolo
bestimmter		determinativo
unbestimmter		indeterminativo
Dativ	3. Fall (Wemfall)	dativo
Demonstrativpronomen	hinweisendes Fürwort	pronome/aggettivo dimostrativo
feminin	weiblich	femminile
Futur	Zukunft	futuro
Gerundium	Verlaufsform	gerundio
Hilfsverb	Hilfszeitwort	ausiliare
Imperativ	Befehlsform	imperativo
Imperfekt	1. Vergangenheit	imperfetto
Indefinitpronomen	unbestimmtes Fürwort	pronome/aggettivo indefinito
Interrogativpronomen	Fragefürwort	pronome/aggettivo interrogativo
Komparativ	1. Steigerungsstufe	comparativo
Konditional	Bedingungsform	condizionale
Konditionalsatz	Bedingungssatz	periodo ipotetico
Konjugation	Beugung (des Verbs)	coniugazione
Konjunktion	Bindewort	congiunzione
Konjunktiv	Möglichkeitsform	congiuntivo

Deutsch		Italienisch
Konsonant	Mitlaut	consonante
maskulin	männlich	maschile
Nebensatz		proposizione secondaria
Objekt	Ergänzung	complemento
Objektpronomen	persönliches Fürwort als Objekt	pronome personale complemento
direktes		diretto
indirektes		indiretto
Partikel	unflektierbares Wort	particella
Perfekt	2. Vergangenheit	passato prossimo
Personalpronomen	persönliches Fürwort	pronome personale
Plural	Mehrzahl	plurale
Plusquamperfekt	Vorvergangenheit	trapassato
Possessiva	besitzanzeigendes Fürwort	pronome/aggettivo possessivo
Reflexivpronomen	rückbezügliches Fürwort	pronome riflessivo
Relativpronomen	bezügliches Fürwort	pronome relativo
Singular	Einzahl	singolare
Substantiv	Hauptwort	sostantivo
Suffix	Nachsilbe	suffisso
Superlativ	2. Steigerungsstufe	superlativo
absoluter		assoluto
relativer		relativo
Teilungsartikel		articolo partitivo
Vokal	Selbstlaut	vocale